恐怖体験リーディング

呪い・罰《ばち》・変化身《へんげしん》の秘密を探る

大川隆法
Ryuho Okawa

まえがき

去年の夏収録した「恐怖体験リーディング」を公開することにした。八月二十七日からロードショーとして上映される映画『夢判断、そして恐怖体験へ』を観《み》る前の参考文献になると思う。

実際にリーディングをやった私から観ても、不思議な体験だらけで、毎年夏休み企画でテレビで上映される「心霊現象」ものよりも、もう一歩深いところまで探索《たんさく》の手は伸びていると思う。

私自身も何でここまで調べられるのかは、うまく説明できないが、般若心経《はんにゃしんぎょう》にいう「観自在《かんじざい》」と言うしかない。この世の人々に、霊的現象で実在界《じつざいかい》を教えるティーチャーとしての使命があると思っている。

二〇二一年　六月一日

幸福《こうふく》の科学《かがく》グループ創始者兼総裁《そうししゃけんそうさい》　大川隆法《おおかわりゅうほう》

恐怖体験リーディング　呪い・罰・変化身の秘密を探る　目次

まえがき　1

第1章　恐怖《きょうふ》体験リーディング
呪《のろ》い・罰《ばち》・変化身《へんげしん》の秘密を探《さぐ》る

二〇二〇年七月二十九日　収録
幸福の科学 特別説法堂《せっぽうどう》にて

ケース1　就寝《しゅうしん》中に起きた謎《なぞ》の血まみれ事件　13
明け方、母に起こされてみると布団《ふとん》が真《ま》っ赤《か》な血で染まり……　13
リーディング対象者につきまとっているものの正体を探る　21
対象者が「血の現象」を経験した理由とは　31

リーディングから明らかになった「今世《こんぜ》の人生の課題」　37
呪術《じゅじゅつ》的な能力を善用するために　42

ケース2　深夜、稲荷《いなり》神社の近くで話しかけてきたおばあさん　46
夜道を歩いている途中《とちゅう》で自転車を押《お》す老婆《ろうば》が現れて……　46
おばあさんは対象者に何を伝えたかったのか　49
もし老婆の「四百円くれ」という謎の要求に応《こた》えてしまっていたら？　55
今後、〝人生の宿題〟として出てくると思われる「画皮《がひ》との対決」を予告　60

ケース3　夏祭りで撮《と》った写真に写った誰《だれ》かの手　68
花火を背景に友人三人とスマホで写真を撮ったら背後から手が……　68
「一本多くて何が悪い♪」と歌う霊《れい》の正体は？　74

撮影者《さつえいしゃ》の身に起きた怪奇《かいき》現象が意味するものとは　84
結局、写真に写り込《こ》んだ霊は何をしたかったのか　90
写真に出てきた霊が持つ「格」へのこだわりについて　98
写真に写ったものの〝上司〟に当たる存在とは　107
写真に現れた霊がうれしく思うことについて　117

ケース4　幸福の科学の聖地で体験した、ある霊的現象　125
夢のなかで流れ星のような赤い光を見たらベッドから浮《う》き上がり……　125
その後、対象者の身に起きた〝ある変化〟とは　126

ケース5　幼少時に祖父母の家で見た緑色の虎《とら》　136
祖父母の家の花壇《かだん》に腰掛《こしか》けて、ふと振《ふ》り返ると大きな虎が見えて……　136
「緑色の大きな虎」と対象者の魂《たましい》とのかかわりについて調べる　143

対象者の目の色が意味するものとは　151

ケース6　家の天井《てんじょう》やタンスの模様が変化する怪奇現象　154
対象の家や周辺地域の霊的背景を探る　154
対象者が今後果たすべき使命とは　162

第2章　映画「夢判断、そして恐怖体験へ」楽曲歌詞

主題歌　夢判断　169
イメージソング　不思議の世界　172
挿入歌　恐怖体験　175
挿入歌　はかなくて、つたなくて　179

挿入歌　心霊写真　182
あとがき　186

古来、釈迦《しゃか》のように悟《さと》りを開いた人には、人知を超《こ》えた六種の自由自在の能力「六神通《ろくじんずう》」（神足通《じんそくつう》・天眼通《てんげんつう》・天耳通《てんにつう》・他心通《たしんつう》・宿命通《しゅくみょうつう》・漏尽通《ろじんつう》）が備わっているとされる。それは、時空間の壁《かべ》を超え、三世《さんぜ》を自在に見通す最高度の霊的《れいてき》能力である。著者は、六神通を自在に駆使《くし》した、さまざまなリーディングが可能。

本書に収録された公開リーディングにおいては、霊言《れいげん》や霊視《れいし》、「タイムスリップ・リーディング（対象者の過去や未来の状況《じょうきょう》を透視《とうし》する）」「リモート・ビューイング（遠隔《えんかく》透視。特定の場所に霊体《れいたい》の一部を飛ばし、その場の状況を視《み》る）」「マインド・リーディング（遠隔地の者も含《ふく》め、対象者の思考や思念《しねん》を読み取る）」「ミューチュアル・カンバセーション（通常は話ができないような、さまざまな存在の思いをも代弁して会話する）」等の能力を使用している。

第1章

恐怖《きょうふ》体験リーディング
呪《のろ》い・罰《ばち》・変化身《へんげしん》の秘密を探《さぐ》る

二〇二〇年七月二十九日　収録
幸福の科学　特別説法堂《せっぽうどう》にて

［対象者三名は、それぞれA・B・C、
質問者四名は、それぞれD・E・F・Gと表記］

ケース１　就寝《しゅうしん》中に起きた謎《なぞ》の血まみれ事件

明け方、母に起こされてみると布団《ふとん》が真《ま》っ赤《か》な血で染まり……

質問者Ｄ　それでは、「恐怖《きょうふ》体験リーディング」を始めさせていただきます。よろしくお願いいたします。

大川隆法　はい。最初の方が、（手元の資料を見ながら）「大学二年の秋ごろの血まみれ事件」？（笑）

質問者Ｄ　はい、そうですね。

大川隆法　まあ、ちょっと、なかなか、これは信じてもらえないだろうな、友達に話をしてもね。
　本人から、何か、ちょっと……。

質問者D　（対象者Aに）では、お願いいたします。

対象者A　大学二年生の秋ごろだったと思うのですけれども、実家の布団《ふとん》で寝《ね》ていまして、午前四時か五時ごろ、母に起こされまして……。

大川隆法　午前？

対象者A　はい。起こされまして、顔が冷たかったので、ちょっと触《さわ》ってみたら、手が真《ま》っ赤《か》になっていまして、胸から上が血まみれ状態で、布団を貫通《かんつう》して畳《たたみ》まで染《し》み込《こ》むほど血が出ていました。

そのあと、お風呂《ふろ》に入って、どこか傷がないか確認したのですけれども、どこも怪我《けが》はしていなくて、「鼻血かな」とも思ったのですけれども、鼻にも特にそういった外傷はなく、そのときはピンピンしていたので、「何があったのかな」と、ちょっと恐怖を感じました。

大川隆法　うーん。「お母さんが朝の四時か五時に息子《むすこ》の部屋に入る」というのは、絶叫《ぜっきょう》したか何かですか。

対象者Ａ　当時、アパートに住んでいて、私の布団の横に妹と母の布団があって、川の字で……。

大川隆法　あっ、そういうことですか。

質問者D　ああ、なるほど。一緒《いっしょ》に寝ていたんですね。

対象者A　はい。そういうかたちで、同じ部屋で寝ていました。

大川隆法　ああ、それでですか。「朝の四時、五時に母親が入ってくる」というのは、ちょっと怖《こわ》いものがあるから……。

質問者D　そうですね（苦笑）。「何のご用で？」という感じですね。

大川隆法　ああ、それで（血まみれだと）分かったと。

対象者A　はい。

大川隆法　病院などには行ったのですか。

対象者Ａ　特に病院とかには……。

大川隆法　行かなかった？

対象者Ａ　はい。

大川隆法　布団とかは、夢ではなくて現実に血が……。

対象者Ａ　布団が一つ駄目《だめ》になってしまって……。

大川隆法　敷布団《しきぶとん》のほうですか？

対象者A　はい、敷布団です。畳とカーペットと。

質問者D　「敷布団を貫通するほどの量」というのは、そうとうな量ですね。

大川隆法　貫通するというのは、それは普通《ふつう》、おしっこですよね。

質問者D　おねしょでも貫通するかどうか……。

大川隆法　おねしょは、ものすごく溜《た》めたら、頑張《がんば》れば下まで行きますね。貫通して畳まで行くことはあるけれども、ちょっとしたものでは行かないですよね。

質問者Ｄ　そうですね。

大川隆法　そうとうの量ですよね。おしっこで貫通するとしたら、哺乳瓶《ほにゅうびん》一本分ぐらい出さないと、突《つ》き抜《ぬ》けないよね。

質問者Ｄ　そうですね。

大川隆法　それだけの量が出るとなると、「どこから出たのか」というのと、「痛みとかを感じなかったのか」というのと……。

質問者Ｄ　あと、それだけ鼻から出たのなら、（鼻や口元のあたりを触りながら）このへんに何か残っているはずですけれども……。

大川隆法　顔は血だらけだったと？

対象者Ａ　はい。ただ、（傷などは）特に何もなく。

大川隆法　一緒の部屋に寝ていたというお母さんとか、妹とかに、夜中に馬乗りになって殴《なぐ》られたとか、そんなことはないですか？（笑）

対象者Ａ　（笑）痛みも全然なかったので。

大川隆法　刃物《はもの》を持って刺《さ》されたとか、そんなことではなくて……。うーん。それはおかしいね。

質問者Ｄ　そうですね。

大川隆法　おかしいね。

まあ、「そういうものを視《み》る」のが仕事なので、何があってもいいです。創作するより面白《おもしろ》いですね、こんなものは。創作で書けないよね、これは。創作で書くと嘘《うそ》っぽく感じて、むしろ書けないよね、こんなものはね。

質問者D　はい。

リーディング対象者につきまとっているものの正体を探《さぐ》る

大川隆法　（対象者Aには）もう一つ怖い体験があるから、まず一つ目に行ってみましょうか。

質問者D　よろしくお願いします。

大川隆法　（合掌《がっしょう》して）この方が大学二年の秋ごろ、明け方ごろに、何だか分からない理由により出血して、血だらけになって、布団も通過するほどの血が出たけれども、風呂に入って見たら傷もなく、その後、何もなかった。ただ、血が布団を貫通していたぐらいまで出ていたということだけは事実だということで、理由は分からないということですね。

これについてのリーディングに入ります。

（約十秒間の沈黙《ちんもく》の後《のち》、手を二回ずつ、計八回叩《たた》く）

イエイッ！　エイッ！（右手の人差し指と中指を立てて、額《ひたい》あたりの高さから左右に振《ふ》り下ろす）

（握《にぎ》り拳《こぶし》をつくり、体の前で腕《うで》を交差させた後、両掌《りょうてのひら》を対象者にかざし、数回、息を大きく吐《は》く）

私には、なぜか、廊下《ろうか》の突き当たりみたいな所の、白っぽいけれども白ではない、クリーム色のような壁《かべ》と、ちっちゃな小窓みたいなものが視えています。その小窓は透明《とうめい》ではなくて、ちょっと透《す》けては見えないような濁《にご》り色《いろ》が入って、割れないように針金か何かが入っているような感じです。

手で下げられるような取っ手みたいなものが付いている小窓が一つあって、その手前に赤い絨毯《じゅうたん》が、ずーっと足元まで続いているように視えて、両側は壁のようなものが視えてきています。

はい、これは何でしょう。

（体の前で腕を交差させながら、指を動かす。その後、右人差し指を立てて刀印《とういん》

のようにして結び、対象者に向かって時計回りに回し始める）

正体を現しなさい。

（約十秒間の沈黙）

今、黒猫《くろねこ》が視えました。黒猫で、目は、いわゆる夜に見る猫の目みたいな、縦の瞳《ひとみ》があって、黄色く光っている黒猫のようなものが、今、視えています。

正体を現しなさい。正体を現しなさい。正体を現しなさい。

（約五秒間の沈黙）

なぜ、彼の家族のところに現れて、そのような怖い体験をさせたのか。正体を現しなさい。

（約十秒間の沈黙）

次は、天井《てんじょう》に、今言った黒猫が背中をつけて、へばりついているような感じ。ありえない……、普通にはありえない感じですね。黒猫の背中がペタッと上についているような図が視えてくる。うーん……。天井にへばりつく猫はありえない。ありえない、ありえない。

さあ……、あなたの正体を明らかにしなさい。正体を明らかにしなさい。何者であるか。なぜしたか。何を伝えようとしたか。

（約二十秒間の沈黙）

目が覚めると血まみれになっていた対象者Aと、リーディングで視えてきた自宅の天井にへばりつく黒猫。

次は、「密教《みっきょう》の立川流《たちかわりゅう》」という声が聞こえてくるんです。

真言《しんごん》密教の立川流か……。これは、ちょっと怖いんですよね。「真言密教立川流」という声が聞こえてくる。

真言密教立川流とかかわりのある者が、この者に対して、何らかのちょっかいを出したのか、調べようとしたか、戦いを挑《いど》んだか何か、そういうことなのでしょうか。どうでしょうか。

……なるほど。真言密教の立川流は、古くは、昔の西洋で言うと魔術《まじゅつ》、生贄《いけにえ》をいろいろ供えたりしてやる魔術ですね、動物なんかも生贄にしてやる魔術にもつながっているものだけれども、アジアのほうでは、やはり、ボルネオ前後あたりの宗教で、敵と戦ったら、首を狩《か》って、全部くり抜いて髑髏《どくろ》だけにして、そして飾《かざ》ったり、敵の肉を食《く》らってアニマ（霊魂《れいこん》、生命エネルギー）にするというふうな、そういう風習もあるものですね。

このへんは、確かに、ちょっと霊的にはつながっているかもしれませんし、わりに原始的な宗教まで行くものだろうと思います。

何か、こういうものと関係があるようです。

さあ、もうちょっとクリアに、もうちょっとクリアに教えてください。何が、そこで起きたのでしょうか。


（約十五秒間の沈黙）


やはり、過去世《かこぜ》のなかで、たくさんの人を、戦争とかで殺した経験はあることはある方なので、そういうことから逃《のが》れたくて宗教関係の仕事で出てきても、どうしても、その血なまぐさいものにつきまとわれていたというか、これは、転生輪廻《てんしょうりんね》の枠《わく》を超《こ》えて、「血の呪《のろ》い」みたいなものが、この人にはつきまとっていますね。

けっこう、計略とかで大勢の人を、戦国武将として殺すようなことはしたことがあるんだと思います。だから、血の呪いが、転生の過程を乗り越《こ》えてかかってきているものがありますね。

そして？（右掌を対象者にかざす）

（約十五秒間の沈黙）

この者の顔にへばりつき、布団を濡《ぬ》らし、貫通した血は、いったいどこから来たものであるのか。

（約二十秒間の沈黙）

うーん……。南方のほうでは、何か、されこうべに血を盛って、飲むような儀式《ぎしき》もやっていたことがあるようですね。

だから、ヨーロッパ系のほうでは、うーん……、ドラキュラ関連みたいな感じ。

これは、女性の血を抜くのかな？　うーん。これも儀式としてやるものがあるみたいで、昔は薬がないからね、若い女性の生き血を飲むことが薬になるというのかな、元気を回復して、長生きするための薬になるという考えもあって、もう食欲がなくなって食が進まない者は、若い女性の血を吸うと元気になるという、そういうふうな、薬代わりに〝ドラキュラ現象〟をやらせていたこともあったようですね。

そう、なるほどね。まあ、分からないことはないですね。まあ、そういうこともあるでしょう。

ほかに、それから、うーん……。

（約十秒間の沈黙）

真言密教の立川流はけっこう怖いもので、殺した相手の髑髏《どくろ》をいろいろと塗《ぬ》るんですよね。金箔《きんぱく》とかね、いろいろと塗ったりして飾ったりするんですけれども、これは「呪いの宗教」ですね。

このへんは全部つながっているかもしれませんね。同じようなもので、この霊界《れいかい》、こういう魔術・呪術《じゅじゅつ》霊界との通路が開けた感じがするから。

先ほどの猫のほうは、たぶん西洋の魔術のほうの関係だと思うんですけどね、視えたものがね。

対象者が「血の現象」を経験した理由とは

大川隆法　さてさて、さらにもっと奥《おく》にあるもの、奥にあるものを視せてください。

だいたい、背景はそんな感じだと分かりました。

ただ、この人に、大学生のときにそういう現象を見せたというか、経験させた理由があったら教えてください。

（両掌を擦《す》り合わせた後、軽く拍手《はくしゅ》をするような動作を続ける）

ああ、これは、何か、戦国武将で軍師みたいなのになったときには、実際、戦いの最中《さいちゅう》で野営しているときとかは、夜中にガバッと起き上がって、血だらけになったような感じの夢とかを何度も見ていますね。そういう経験は、過去世ではあるようですね。

でも、現代の世で、現象化するまで行くというのは、けっこう珍《めずら》しいと思います。

何ゆえに現れましたか。何ゆえにそういうことが起きたのか。あるいは、この人の未来に関係があるのか。その意味を教えてください。

（左掌に右掌を軽く打ち続ける）

まあ、正確には分からないけれども、「転生の過程で、殺した人が十万人ぐらいはいる」と言っているので、そうとう、有象無象《うぞうむぞう》いろんなものの呪いはあると思う。

まあ、戦争とかになると、個人の責任では必ずしもないんですけれどもね。

質問者D　そうですね。

大川隆法　役割で、みんなやっているものではあるんだけれども。

一対一で戦っているようなものは、殺せる数に限界はありますが、軍略、兵法を使って大勢を殺すようなことをした場合は、ものすごい集合霊みたいなものがかかってくることはあるので。

普通は、そういう場合は、信長《のぶなが》の晩年がちょっと発狂《はっきょう》しているように見えたり、秀吉《ひでよし》の晩年が「狐憑《きつねつ》き」と言われて、「ちょっとおかしくなった」と言われたりするように、何かちょっと〝気がふれるようなこと〟が、殺した人の霊がものすごくたくさん取り憑いてくる場合は、そういうことが起きるのですけれども、この人の場合、生きている間にそういうことがあまり起きていないんですね。

生きている間に起きていないが、霊界に還《かえ》ったあとは、そういう光景を自分で見せられてはいるので、まあ、仕事としては、それはしかたがない面もあったけれども、若干《じゃっかん》、「かわいそう」というか、悔《く》いる気持ちと弔《とむら》いたい気持ちはあって、その代償《だいしょう》として、何らかの感じの代償を払《はら》わなければいけないという気持ちは持ってはいたようです。

今回、宗教に惹《ひ》かれて、そのなかで仕事をしようとしているのだけれども、それに当たりまして、この人に、「おまえには血塗られた過去があるんだぞ」と。「今は、人一人、殺人したら警察が捕《つか》まえに来て、刑務所《けいむしょ》に入れられて、死刑になることもあるんだぞ。だから、『一人、二人殺せば死刑になって、万単位の人を殺したら英《えい》雄《ゆう》になる』という、その価値観に対しては、やはり多少、問題はあるのではないか。英雄かもしれないが、代償はやはり何かあるべきで、転生の過程で、自分も同じような恐怖を味わうなり、そういう人たちを弔うような事業をするなりしなければならないのではないか」ということです。

この「血の現象」に関しては、ちょっとスーパーナチュラル（超《ちょう》自然的）すぎるのですけれども、この人が本格的に宗教家として活動する前に、自分の呪われし血の歴史というものを自覚させて、「それだけ重い代償を背負って転生をしてきているのだということを知れ」ということのようです。

なぜ、これが物質化まで来たかは、ちょっと分かりにくい。普通はあまりないので、まあ、本当に、鼻血が出るぐらいが普通でしょうけれども、量から見て、そんなものでは、たぶんないと思うので。

うーん、まあ、さっき黒猫が視えていたから、たぶん、過去世の過程で、まあ、これは西洋系だと思いますけれども、やはり、向こうでも呪術をやる場合に生贄をやりますので、動物を生贄に出すので、おそらく月夜の晩に黒猫を……、うーん、ナイフより大きいものだな、何か山刀《やまがたな》みたいなもので裂《さ》いて、その血を滴《したた》らせて、それを銅製のお盆《ぼん》みたいなものに血をいっぱい溜めて、この血で呪いの呪文を書くような、うーん、これは何だろうね。

でも、うーん……、ちょっとイギリスっぽく感じるんですけどね。まあ、そういうところですね。そういうところの、そういう宗教が……、宗教というのかな、うーん……。

まあ、そうだね。実戦で戦《いくさ》をするだけではなくて、その代替《だいたい》手段として、「呪いをかける」というのがあったので。「敵に呪いをかける儀式」というのがあって、魔法使いとかを持っていたら、軍師ではない、今度は魔法使いを持っていると、敵に呪いをかける儀式があるんだけれども、まあ、たぶん、そういうときに使われた黒猫だと思うのだけれども。

どういう理由で出てきたかは分かりませんが、そういう血が現象化して現れてきたようには見えます。うーん、ちょっと珍しすぎるのですけれども。

何か質問があったら聞きます。

リーディングから明らかになった「今世《こんぜ》の人生の課題」

対象者A　私に対して呪いの思いを持っていらっしゃる方々を、今世《こんぜ》の人生で、どうしたら正しい方向に導くことができるでしょうか。

大川隆法　うーん。

（約五秒間の沈黙）逆に言えば、不幸になる人々を一人でも二人でも多く救っていく、そういう修行《しゅぎょう》をしていくことです。

そのように、過去世で、いろいろと罪としてはあるものがありますので。

全体的に評価されることはあると思うんです。「英雄」だとか、「味方を勝利に導いた」とか、そういうことはあるんだと思うのですが、個別に見れば、「罪に当たるようなこと」もいっぱいあるわけなので、呪いを個人的に持っている人がいることはいるわけです。

これに打ち勝つには、まあ、（霊的に）〝斬《き》り合い〟をするわけですけれども、例えば大天使ミカエルの剣《けん》のように、「正義の剣として悪を倒《たお》す」という自覚をはっきり持っていなければいけないのです。そういう場合もあります。

ですから、一つひとつの魂《たましい》を救っていく努力をもっともっとやらなければいけないのと同時に、剣を振るうときには、「正義の剣を振るう」「神の正義を帯びた御《ご》神剣《しんけん》を振るっている」という気持ちを強く自覚することが大事です。

そういう自覚が強いと、御神剣で斬られたる者も、〝あの世行き〟というか、「あぁ、しょうがないのかな」と思うこともあります。「人間 対 人間」だと思うと、そうは思いませんから。

例えば、弾《たま》を撃《う》ち合うだけなら、それは暴力団だって刑事だって変わりません。しかし、刑事は法を執行《しっこう》するために、ほかに方法がないので、犯罪者を撃ったり、死なしてしまったりすることもあるわけです。これは暴力団の抗争《こうそう》とは意味が違《ちが》います。「人を殺すのが好きで刑事になる」などというのは本当は困るわけで、そのへんは、やはり、それだけ、「正義の代理人として執行する気持ち」を持っていなければいけないでしょう。

ですから、今世の課題としては、「一人でも多くの人を菩薩行《ぼさつぎょう》として救っていくこと」と、それから、「神の正義ということを、もっともっと一生かかって考え続けること」が大事だと思うのです。

現象だけを見ると差はそんなにないのです。もちろん、過去かかわったものは、あなたの気持ちとしては、おそらく、いろいろな集団のなかでのルールなどがあるから、そのためにいいと思ってやってはいたのでしょうけれども、「それが真実の神のルールから見て、よかったのかどうか」ということですね。

何と言うか、シェークスピアの『マクベス』か何かに出てくる魔女たちのような人から少し、何かそういう呪法を習ったような感じがあることはあります、ヨーロッパ系でね。ちょっと、そういう特異能力のようなものを身につけたいタイプなのではないかと思うのです。

普通の、この世の当たり前のことが当たり前に起きるだけではない、特異能力のようなものを持ちたいという気持ちは、たぶんあると思うし、今世だって、それが現れ方によっては、すごく厳しい現象として現れてくることもないわけではないので。

将棋《しょうぎ》では若手がバンバン勝ってしまうのは、まあ、将棋の「駒《こま》」（を使っての戦い）だからいいけれども、あれが「人」だったら、けっこう大変なことにはなるでしょう。

ただ、（特異能力も）必要は必要なのです。相手方も、いろいろな術《じゅつ》を使うというか、いろいろな目くらまし、兵法その他、超能力的なものを使ってくる者もいることはいるので、こちらもそういうものを持っていないと、やられてしまうことがあるのです。

ですから、あなたの問題は、根本的な教義の理念を立てるところにはいないことが多くて、その周りで何かのお役に立つような感じで、そういう特殊《とくしゅ》能力を使う傾《けい》向《こう》が出てきてはいるので、そのへんをよく間違わないようにしなければいけないということです。

うーん……、これはかっこいいのでしょうか。〝十万人ぐらいを殺せる男〟というのは、かっこいいのでしょうか。どうでしょうか。

質問者D　歴史には遺《のこ》るのかもしれません。

大川隆法　やり方によっては、歴史には遺るかもしれませんね。だけど、本人はいたって清純な気持ちを持っているから、やられたほうは、取りつく島がないようなところがあることはあるので、「せめてもの報《むく》いとして、恐怖体験ぐらいは味わってもいいんじゃないか」と。

質問者D　味わわせたいと？

大川隆法　まあ、そういうことです。非常に稀《まれ》で珍しいことだとは思いますが、血を現象化すること自体はできることはできるのです。

大量に出るというのは、ちょっと、なかなか珍しいことは珍しいのですけれども、これは、過去あなたが現実に見てきた光景なのです。それが今世、現実に起きているわけですが、これは、ある意味での「あなたの使命」と、それから「あなたの逸《そ》れていきやすい限界」を示しているものだと思うのです。

呪術《じゅじゅつ》的な能力を善用するために

大川隆法　おそらく、その黒猫を裂いたのはあなたでしょう。血を溜めるというのをやったのはあなただと思うのです。ただ、儀式を司《つかさど》っていた人はほかの人だと思います。

たいてい、こういうものは、敵と戦っている場合、敵側の将軍とかを実戦で倒す前に、呪い殺すということ、「呪殺《じゅさつ》」をやっているのです。向こうも持っていることが多く、どちらのほうが効くかというのを必ずやっているので、たぶんそういうのをやったのだろうと思います。

そういう能力も持ってはいるので、善用すれば、逆に言えば、「魔除《まよ》け」だってできるかもしれません。

「正義の神剣、御神剣でもって邪悪《じゃあく》なるものを斬る」と。これを使命として持ち、霊的に御神剣を持っていったら、こういう悪魔的なものとかが近寄ってきたときに、それを自分で霊的に斬るということができることはできます。それだけ多くのアニマを吸収している面もあることはあるので、できることはできるのです。ですから、「心の方向性」がとても大事だということです。まあ、そういうことなのです。

とても稀な、稀な現象だと思います。体の一部から血が出るぐらいのことは、寝ていてあるとは思いますが、ナイフで刺されたりしたのでもなく、こういうことが起きるというのはめったにないことです。現実には、過去世ではたくさん見ているものだと思います。いろいろな体験はしていると思います。

　でも、そういうマジシャン的な能力というか、呪術的な能力は持っていると思います。ウガンダの〝隣《となり》〟のベナンはブードゥー教が国教です。私がベナンに行くときは、ぜひ一緒に来てください。そういう人がいっぱいいると思います。向こうの宗教家はそういうのをやりますが呪術を使ってくるので、ぜひ彼は連れていって、秘書として代わりに戦っていただくと。

「先生、血だらけになりましたあ。一晩戦った結果、血だらけになりましたあ」と言って、「いやあ、ありがとう。ありがとう。尊い仕事だったなあ。おかげで私は機嫌《きげん》よくやれる」とかいうことになるかもしれません。

　たぶん、そんなもので、ほかにもいろいろと、まだ残っているものはありますが、今は平和ですから、そういう宗教が少し弱くなって後退しているのです。物理的な現象をあまり使わないし、信じなくなっているので弱いのです。本当はもっと強い物理現象を起こせないわけではないのです。あなたは、ポテンシャルとしてそういうものを持っています。

まあ、平時は、そういうものではなく、なるべくきれいなもので心を満たすように努力してください。

一つ目はこういうことです。これは嘘や妄想《もうそう》ではないと思われます。

ケース2

深夜、稲荷《いなり》神社の近くで話しかけてきたおばあさん

夜道を歩いている途中《とちゅう》で自転車を押《お》す老婆《ろうば》が現れて……

質問者D　二つ目に、ちょっと面白《おもしろ》い話なのかもしれませんが、別の恐怖《きょうふ》体験がありますので、こちらに行きたいと思います。では、どうぞ。

対象者A　二つ目は、大学一年生の夏です。

大学に通うために一人暮らしをしていたのですが、実家から一人暮らしをしている家に帰るときに、鍵《かぎ》を忘れてしまいまして、終電で友達の家に行くことにしました。ただ、終電では、友達の家の二駅手前までしか行けませんでしたので、そこから徒歩で行くことにして、一駅目は普《ふ》通《つう》に歩いて十分ぐらいだったのですが、二駅

目には一時間ぐらいかかって、駅の反対側に着いてしまいました。ちょっと不気味な雰囲気《ふんいき》がしていたので、あたりを見てみたら、大きな稲荷《いなり》神社があって、その前の道を、おばあさんが足を引きずりながら自転車を押《お》して歩いてきました。

嫌《いや》な感じがしたので逃《に》げようとしたところ、「お兄さん、四百円持ってないか」というように話しかけられました。財布《さいふ》は持っていたのですが怖《こわ》かったので、「持ってないんです」と言って逃げようとしたら、「そうかい」という感じで少し怒《おこ》った感じでした。自転車にまたがって追いかけようとしてきたので、逃げようと思って振《ふ》り返ったら、おばあさんが一瞬《いっしゅん》のうちに消えていました。

そのあと、怖くなりすぎて友達の家まで行く道を忘れてしまうほど、恐怖を感じました。そういう経験をしました。

大川隆法　（手元の資料を見ながら）稲荷神社とは関係があるようで、「子供時代に何回か行ったら、特賞が出た」と(笑)。

質問者D　毎年、出たようです。

大川隆法　〝気に入られている〟ということですね。

これについて霊的《れいてき》なものがあるかどうかですね。大学一年の夏ですか。面白いですね。これは、映画やドラマで短いものをつくりやすそうな雰囲気です。シチュエーションがあるので、こちらはつくりやすそうな感じです。

(手を叩《たた》きながら)はい。大学一年の夏に、夜、帰れなくなって、終電のあと友達の家に向かおうとしていたときに、稲荷神社の前を通ったあと、自分としては、怪奇《かいき》現象のようなものに襲《おそ》われた感じを受けています。

そして、足の悪そうなおばあさんが自転車を押してきているようなのを見て、声をかけられました。「四百円くれないか」と言われ、振り切って逃げて帰ったが、だいぶ悩乱《のうらん》したという体験のようです。

はい。この実相《じっそう》をお見せください。何が起きたのでしょうか？

（約十五秒間の沈黙《ちんもく》）

おばあさんは対象者に何を伝えたかったのか

大川隆法　今、上からは、「正一位稲荷大権現《しょういちいいなりだいごんげん》である」という声が降りてきます。正一位稲荷大権現ですか。今、狐《きつね》系の映画（「美しき誘惑《ゆうわく》―現代の『画皮《がひ》』―」〔製作総指揮・原作　大川隆法、二〇二一年五月公開〕）をつくっているので（収録当時）、当会もどこかでつながっているかもしれませんけれども。

（手を叩きながら）正一位稲荷大権現なる者よ、この者にアクセスして何か起こしましたでしょうか？

（約十五秒間の沈黙）「この者は、本来、稲荷の使いになるべき者なのじゃ」と言

稲荷神社の近くで対象者Aのもとに現れたおばあさんと、リーディングで視えてきた「正一位稲荷大権現」なる者。

っています。声からすると、女性で年を取っています。

「稲荷の使いになるべき者だったんじゃ。稲荷の使者にしようとしたのじゃ。〝変な宗教〟に引っ掛《か》かりよって。ああ、稲荷を敵に回そうとしているのではないか。特賞を数多く出してやった。身の回りを護《まも》ってやった恩義を忘れて、〝変な宗教〟にのめり込《こ》んでいこうとしているような感じがする」ということを言っています。

「だいたい、たとえそれが人間でなくて魔性《ましょう》のものであったとしても、夜中の二時におばあさんが困っているみたいだったら、それは人助けしたいと思うのが普通であろうが。それを逃げるとは何事であるか。試《ため》してみたが、こいつは性根《しょうね》がよくない。〝悪い宗教〟の毒がもう回ってきているに違《ちが》いない。こういう稲荷を見て怪奇現象のように思うようでは、根本的な誤りである」と。

そうか、外国の魔術だけではなかったんですね。日本のほうにもまだ続きがあったわけですね。

日本の稲荷ですか。稲荷さんに霊的に何か関係があったことが、二十何年かの人生にはたぶんあったと思われます。もしかしたら、あなたではなくて、家族と関係がある可能性もあります。

「稲荷としては、この人を加護してきたつもりがあるんだ。そして、見込んでいて、将来性があると。自分としては、将来性があるということで見込んでいた者であったんだ」と言っています。

やはり、あなたは、幻術《げんじゅつ》とか呪術《じゅじゅつ》とかが、わりあい得意なのかもしれません。道を選べば、〝ちゃんと稲荷にもなれる〟かもしれませんが。

なぜ出てきましたか。本人は怖がったようですけれども、なぜ出てきましたか。

「傾向《けいこう》はね、よくない傾向が出ているんだ。人に嘘《うそ》をついちゃいけないとか、騙《だま》してはいけないとかいう、そういう〝間違った宗教〟に今捕《つか》まっているから」と。

質問者D　それは〝間違った宗教〟なんでしょうか？

大川隆法　ああ、幸福の科学のことですね。

質問者D　はい（苦笑）。

大川隆法　「幸福の科学という〝間違った宗教〟に捕まってしまって、人を騙したり、たぶらかしたりすることが非常にしにくくなっている」と言っているわけです。

それは、向こうから言うと反省しなければいけないことで、「それは、〝術《じゅつ》が落ちてくる〟ということなんだ。それでは、ただの人間になることではないか。そんなことであってよいのか」というようなことを言っています。

「頭のいい人なら、それよりは、もうすっきりと現世利益《げんせりやく》を求めるべきではないのか。『これを信じて、こうしたら現世利益が得られる』という、スキッとした教えにつくべきなのではなかろうか。そうであれば、それなりの導きはまた可能であるのだ。今、稲荷信仰《しんこう》がちょっと廃《すた》れかかってきているので、〝立て直し〟とかを使って、そういうのを手伝ってみる気はないのか」というふうに、おばあさん風の人は言っておりますが、いかがですか？

対象者A　今世《こんぜ》はちゃんとエル・カンターレのもとで修行《しゅぎょう》させていただきます。

大川隆法　「そんなことを言ったって、嘘をついちゃいけない、騙しちゃいけない、人が見てないところで悪いことをしちゃいけないとかいう教えじゃ、何にもいいことないじゃないか」と。

対象者A　いや、小さいころからそういったかたちで学ばせていただいて、ここまで成長させていただきましたので。

大川隆法　「ちゃんと、『人を騙せるのは頭がいいことなんだ』というふうに思えば、稲荷への道も、天狗《てんぐ》への道も開《ひら》けとるんだぞ。分からないのか。それが日本では非常にメジャーなエリート階級なんだ」と言っています。

「正一位だぞ。偉《えら》いんだ」と。

質問者D　では、出てこられたおばあさんは、この正一位稲荷大権現様の化身《けしん》でしょうか？

大川隆法　化身か何かを霊視《れいし》したか、何かを感じたのだろうとは思います。

もし老婆《ろうば》の「四百円くれ」という謎《なぞ》の要求に応《こた》えてしまっていたら？

大川隆法　「四百円くれ」というのは、ちょっと……。

質問者D　この「四百円」には何か意味があるのでしょうか？

大川隆法　四〇〇《よんまるまる》ですか。四百円。「四百円くれ」「四百円くれ」。四百円をもらったら何があるのでしょうか。四百円で、向こうもタクシー代ぐらいになるか。

対象者A　言われたとき、近くに自販機《じはんき》が。

大川隆法　ああ、自動販売機があった。

対象者A　自動販売機があったので、「喉《のど》が渇《かわ》いたのかな」とは考えたんですけれども、怖かったので、かかわらないほうがいいと。

質問者D　そこまで思ったら、差し上げてもよかったのではないでしょうか（笑）。

対象者Ａ　いや（笑）、近づいてきて、だんだん怖くなっていったので。

大川隆法　あなたは体も大きそうなのに、そんな、おばあちゃんぐらいが怖いんですか。

対象者Ａ　オーラが、ちょっと。

質問者Ｄ　オーラがあった？

対象者Ａ　はい。まがまがしいかたちで。

大川隆法　それこそ、あなたの持っている〝呪術〟で狐を縛《しば》り上げるとか。「化《ば》けの皮を剝《は》がしてやる。名を名乗れ」とか言って、やってやって……。

質問者D　もし彼が四百円を差し上げていたら、どういう展開になったのでしょうか。

大川隆法　彼が四百円を差し上げていたら、どういう展開に……。ああ、「そうしたら、『ついてこい』と言うつもりであった」と言っています。

質問者D　あっ、「ついてこい」と。どちらのほうに連れていこうと……。

大川隆法　「普通は夜中に森のなかで迷うのが常套《じょうとう》手段なんだけど、町中《まちなか》だからそういうわけにもいかないので、明け方まで、フラフラになって、いろいろな町（のなか）を迷わすことをさせるつもりであったんだ。それで、『稲荷って本当にいるのではないか』というふうなことを確信させたかった」というようなことを言っています。

質問者D　では、断ったのは正解だったということですね。

大川隆法　ええ。（四百円を）くれたら、どこかへ連れていってくれたようです。どこかは分からないけれども。

私の田舎《いなか》の話ですが、今の聖地エル・カンターレ生誕館がある所は「前山《まえやま》」と呼ぶのですけれども、あのあたりに、わらびを採りに行ったり松茸狩《まつたけが》りに行ったりしているうちに日が暮れて道に迷い、三日ぐらい山のなかで迷っていたというような人が、やはり子供時代にちゃんといました。やはり、狸《たぬき》か狐に化かされたというようなことで、「同じ所をグルグルグルグル回っていた」というようなことを言っていたのです。山川町《やまかわちょう》のあたりで見つかったか何かだったと思うので、そうとう歩いています。

そういう話は、私の子供時代でもありましたけれども、都会だったらこんな感じになるということです。まあ、幻影《げんえい》を見せて、違った所を歩いているように見せたりはするのだろうと思います。でも、これはよくあるパターンですね。この「道を迷わせる」というのは、これはよくあるパターンであるので、向こうの世界に引き入れようとしてはいるのでしょう。

今後、〝人生の宿題〟として出てくると思われる「画皮《がひ》との対決」を予告

大川隆法　あなたは、けっこう〝モテる〟のではないですか、これは。「魔物」とか「狐」とか、いろいろ。「画皮《がひ》」に、次は気をつけないと危ないですね。あちらにも狐は憑《つ》いているので。

質問者D　先ほど、何か、「自分（おばあさん）のほうに来れば天狗にしてあげるよ」というような話があったと思うんですけれども。

大川隆法　いや、天狗というよりは、「狐とか天狗とかいう道はあるんだよ」と。これも、やはり「信仰の試し」でしょうか。「試し」なんでしょうね。

これは逆に、「小さな親切をすることが、宗教的には善行《ぜんこう》だ」というところから、道を逸《そ》らせようとしているということですね。現実的には、夜中のそんな危ない時間帯に、危ない所にいることはよくないことですから、避《さ》けるべきなのです。本来、避けるべきではあるのです。魔性が何でも出てくるころで、美しい若い女性に声をかけられても怖いですよ。何だか分からないですし、それでも十分怖いですけれどもね。

質問者D　怖いですね。夜中ですからね。

大川隆法　何か、試しは試しでしょうね。試していますね、この人を。

それで、狐に対して、「お金は持っていない」「財布は持っていない」と言って、〝嘘〟をついて切り抜《ぬ》けたということは、許されるのかどうかという。

質問者D　そうですね。嘘で返していますね。

大川隆法　うーん、これは分かりません。

でも、もしこれで〝宿題〟が残っているとすれば、あなたはどこかで「画皮」と対決しなければならないでしょうから、「顔はきれいだが、尻尾《しっぽ》がユサユサしているもの」が、どこかでもう一回出てくるかもしれませんね。「それが見抜けるかな、どうかな」というところが出てくるだろうとは思いますね。

まあ、〝楽しみに〟して、どんなに美しく化けてくるか、〝楽しみに〟していてもいいかもしれませんね。そのときに心が惑《まど》わされずに、ピシッ、ピシッとやるような感じなら、大したものですけれどもね。グググググッと吸い込まれる人は、たくさんいますので。

うーん、そうですねえ……、いやあ、たぶん、狐の取り憑いた女性は出てくると思いますよ。おそらく。近年にたぶん出てくると思いますから、心を強く持って乗り切ってください。

質問者D　なるほど。今後の注意点も教えていただいて本当によかったですよね。

対象者A　はい。ありがとうございます。

大川隆法　いや、縁《えん》はちょっと何か、どこかでつけているようですね。どこかに、これは……。家の近くに稲荷神社か何かあったのでしょうか。知りませんけれども。

質問者D　あったんだそうです。

対象者A　祖母の家の近くに、小さな稲荷神社がありました。

大川隆法　ああ、祖母の……。では、それは、向こうは外護《げご》していたつもりでいたのかもしれないですね。

質問者D　なるほど。通うと、縁ができてくるということですね。

大川隆法　「氏子《うじこ》のつもり」みたいな感じで、ちょっと外護しているつもりはあったのでしょう。実際、できることもあるんですよ。子供が病気をしたりしたらね。「風邪《かぜ》をひいたりとか、熱を出したりしたときに、稲荷神社に頼《たの》んだら治った」とか、そういう現世利益は、実際はあることはあるので、自分らが面倒《めんどう》を見てやったつもりでいるのが……。

いやあ、「宗教選び」というのは、けっこう難しいものですね。「ほかの、現世利益の低そうな宗教のほうに行った。こいつはバカではないか」と、まあ、こういうことですね。こういうところをチェックしているのだと思います。

質問者D　そうですね。

大川隆法　では、近年中の〝画皮との対決〟を楽しみにしていますので、また後《のち》ほど、報告をお願いしたいと思います。

質問者D　はい。心して立ち向かっていただきたいと思います。

大川隆法　今、画皮の映画（「美しき誘惑―現代の『画皮』―」）をつくっていますから、絶対に、反作用として反撃《はんげき》は何か来ると思います。宗務《しゅうむ》本部でも、まあ、ほかのところでもそうかもしれませんけれども、「ここに隙《すき》がある」と思ったら、そのあたりを迷わせてくることはあるかもしれませんね。予告しておきますから、ちゃんと「そうだ」と見抜いて対処してくださいね。

対象者A　はい。ありがとうございます。

大川隆法　〝いろいろな方〟に注目されているようですよ。

質問者D　そうですね。では、Aさんをはじめ、各自注意してまいりたいと思います。

大川隆法　はい。どこに隙があるかは知りませんけれども。

質問者D　はい。分かりました。

では、Aさんはこれで終わりたいと思います。ありがとうございました。

大川隆法　珍《めずら》しいものでしたね。

質問者D　そうですね。

ケース3　夏祭りで撮《と》った写真に写った誰《だれ》かの手

花火を背景に友人三人とスマホで写真を撮ったら背後から手が……

質問者D　では次は、Bさん、どうぞ。

大川隆法　Bさんですね。

質問者D　Bさんは、今から六年ぐらい前のお話ですね。

対象者B　はい。

質問者Ｄ　では、説明をお願いします。

対象者Ｂ　私が美容学生の二年生のときの夏、七月十九日の話なのですけれども、地元で夏祭りがありまして、友人三名と計四人で夜、花火を見ておりました。

そのときに、「せっかくなので、花火を背景にみんなで写真を撮《と》ろう」という話になりまして、友人のＨがスマホのインカメラで写真を撮ってくれたのですが、撮ろうとしてシャッターを押《お》す前に、その友人Ｈだけがちょっとそわそわしておりまして、何か人数を数えていまして。

大川隆法　（笑）

対象者Ｂ　「えっ、えっ？　ちょっと待って、ちょっと待って」というような感じで人数を数え出して。でも、三人は「早く撮ろうよ」という感じで急《せ》かして、シャッターを押してもらったところ、四人で写っているいちばん後ろの子の、さらに後ろに、ちょっと長めの腕《うで》で、少しピースをしていたような感じなのですけれども、腕が一本多くありまして……。

大川隆法　（笑）

対象者B　四人全員で確認したのですけれども、誰《だれ》の腕でも、絶対にそこからは腕が出ないような位置にありました。

シャッターを押した友人Hは、「もう、カメラを構えている段階から、ちょっと派手めの女の子が一人入ってきてピースをしていた。それで、人数が増えたので、人数を数えていたんだけれども」というふうに言っていました。

そのあと、ちょっと怖《こわ》がっていたので、すぐに写真は消したのですが、そのシャッターを押した友人Hは、すぐに「耳が痛い」というふうに言い始めて、その日は、

夏祭りで対象者Bの友人Hが撮った写真に、腕が一本多く写っている様子（写真中央のピースサインの手）。

そのまま私の家に泊《と》まったのですが、翌日もずっと痛がっていました。

そして、夏休み明けに話をしたところ、「その後、病院に行ったら、片耳に外耳《がいじ》炎《えん》と中耳炎が両方同時に来ていて、さらに、若い人には珍《めずら》しい耳の帯状疱疹《たいじょうほうしん》も出ていて、しばらく耳が聞こえなかった」というふうに言っておりました。

大川隆法　はい。その心霊《しんれい》写真は、たぶん〝真夏の怪奇《かいき》現象〟か何かでつくれるところですが、あとは、耳に帯状疱疹まで出てくるとなると、これは、ちょっと「呪《のろ》い・祟《たた》り」系のようにも見えなくはないですね。

でも、その友人が、カメラを見たときに「もう一人多い」と言っているということは、彼女もちょっと霊視《れいし》が利《き》く人なのですかね。

質問者D　そうですね。

大川隆法　まあ、これは、前半はよくある話で、「一本多い」とかいうのは、写真としてはよくあります。後ろのほうの病気になるところまで行くと、ちょっと霊的な何かのような感じがしますね。

では、Bさんで、（合掌《がっしょう》・瞑目《めいもく》する）二〇一四年七月十九日、Bさんに起きたこと。「四人で写真を撮ったら、一本手が多かったこと」「撮った方が、耳に障害が出て病気になったこと」等についての真実を知りたいと思います。

（約十五秒間の沈黙《ちんもく》）

これはリーディングしましょうか。

では、その写真に写り込《こ》んだ人を呼び出しますから、どうぞご確認くださいませ（笑）。面倒《めんどう》なので、もう呼びますから。

（瞑目し、両手を正面にかざしながら）二〇一四年七月十九日、神社で花火大会のときに写真を撮って、一本余分に手を写した子。友達が「女の子が見えていた」と言っていましたが、そのあと、その写真を撮った女の子に耳の病気等を起こした者、どうぞ出てきてください。

（顔の前で合掌・瞑目し、約二十秒間の沈黙）

「一本多くて何が悪い♪」と歌う霊《れい》の正体は？

質問者D　こんにちは。

霊人　（右手を挙げて）はい？

質問者E　右手を挙げている方は、どなたですか。

霊人　（右手と左手を交互《こうご》に挙げながら、歌うように）一本多くて何が悪い♪　一本多くて何が悪い♪

質問者D　ひょうきんな方ですね（笑）。

霊人　（右手と左手を交互に挙げながら、歌うように）一本多くて何が悪い♪

質問者D　「二〇一四年七月十九日、秩父《ちちぶ》で、前にいる方（対象者B）、それから、その友達が花火を背景にして写真を撮ろうとしたときに、あなた様が写った」というような話があるんですけれども、これはご存じでしょうか。覚えていらっしゃいますか。

霊人　うん、うん。まあ、よくやってるんですけどね。

質問者D　あっ、よくやっているんですか。

霊人　うん、うん。まあ、そこにいるので。神社に、神社あたりにいるので。

質問者D　（対象者Bに）神社？

対象者B　はい。「亀《かめ》の子石《こいし》」という小さな神社なんですけれども。

質問者D　「亀の子石」ですか。神社にいらっしゃるんですね。

霊人　そう。〝神域《しんいき》〟にね、うん。

質問者D　〝神域〟に？

霊人　（右手と左手を交互に挙げながら、歌うように）一本多くて何が悪い♪　一本多くて何が悪い♪

質問者D　（笑）分かりました。

質問者E　「長めの腕が写った」ということは、人間ではあるのでしょうか。

霊人　「人間」って言い方はないでしょう？　だから、人間でないから困ってるんでしょ？

質問者D　ほう。何なのですか。

霊人　だから、人間じゃないんだ。

質問者D　人間ではない？

霊人　神社に、住んでいる！

質問者D　住んでいる？

霊人　人間じゃあ……（ない）。

質問者E　巫女《みこ》さんですか。

霊人　うーん……。巫女と言われると、少ーしだけなんか、うーん……、不本意な感じがする。

質問者D　不本意なんですか。

霊人　うーん。もうちょっと位《くらい》を上げてもらいたい。

質問者D　あっ、位が上がるんですか。「女性か男性か」といったら、女性ですか。

霊人　うん、そうですねえ。

質問者D　巫女よりも位が上というのは、どのように考えたら……。

霊人　だから、〝女神様《めがみ》〟とか。

質問者D　〝女神様〟？

霊人　うーん。

質問者E　どのようなお姿でいらっしゃるんですか。

霊人　それは、もう、あなたを十倍ぐらい美人にしたような感じですよ。

質問者D　この神社との関係は？

霊人　まあ、ありますねえ。関係はあります。

質問者D　神社で祀《まつ》られている神様がいらっしゃると思うんですけれども。

霊人　うーん。というよりは、うーん……、やっぱりね、神社だから、氏子《うじこ》たちとかね、ご近所の人たちが、お祭りの日にお参りに来たときにね、何か神様としてね、クリスマスプレゼントみたいなものを差し上げたい感じがあるから。
　プレゼントを差し上げて、（右手と左手を交互に挙げながら、歌うように）「一本多くて何が悪い♪　一本多くて何が悪い♪」って、こう言ってる。

質問者D　シャッターを押した方には「少し派手めの女の子に視《み》えた」そうなんですけれども。あなた様ですか？

霊人　派手……、派手めって、それは主観ですけどねえ。祭りの日に見ていて派手めに見えるっていうのは、そうとうでしょうね。

質問者D　そうとうですね。どんな格好をされているんですか。

霊人　いや、〝そうとう美人だった〟っていうことでしょうねえ。

質問者D　うーん……。まあ、「派手」ということでしたら、着物を着ていますか？

霊人　うーん……、まあ、着物を着る場合もありますけど、その日は着物ではなかったかなあと思います。着物でないような気がする。

質問者D　どんなお召《め》し物を……。

霊人　うーん……。うーん……、ややピンクに近い赤のワンピースのような感じかなあ。

質問者Ｄ　ワンピースなんですか。では、洋風ですね。

霊人　洋風ですねえ、その日は。いやあ、まあ、何でもいいんですけどね。

質問者Ｄ　いいんですか。それは、生前に着ていたような衣服ということですか。

霊人　うーん……、まあ、時代に合わせたっていうか……。

質問者Ｄ　あっ、合わせられる？

霊人　うん。

質問者D　そうしますと、今回のように人々の前には、どのくらい現れているんですか。

撮影者《さつえいしゃ》の身に起きた怪奇《かいき》現象が意味するものとは

霊人　うん？　そんなの、夏祭りに来りゃ、いつもいるよ。

質問者D　どれくらい前からされているんですか。

霊人　ずっとやってるよ、うん。

郵便はがき

料金受取人払郵便

赤坂局承認

9654

差出有効期間
2023年3月
9日まで
(切手不要)

1 0 7 - 8 7 9 0

112

東京都港区赤坂2丁目10−8
幸福の科学出版(株)
愛読者アンケート係 行

フリガナ お名前	男・女	歳
ご住所 〒　都道府県		
お電話( ) −		
e-mail アドレス		
ご職業 ①会社員 ②会社役員 ③経営者 ④公務員 ⑤教員・研究者 ⑥自営業 ⑦主婦 ⑧学生 ⑨パート・アルバイト ⑩他( )		
今後、弊社の新刊案内などをお送りしてもよろしいですか? (はい・いいえ)		

愛読者プレゼント☆アンケート

『恐怖体験リーディング 呪い・罰・変化身の秘密を探る』のご購読ありがとうございました。今後の参考とさせていただきますので、下記の質問にお答えください。抽選で幸福の科学出版の書籍・雑誌をプレゼント致します。
(発表は発送をもってかえさせていただきます)

1 本書をどのようにお知りになりましたか?

① 新聞広告を見て [新聞名:]
② ネット広告を見て [ウェブサイト名:]
③ 書店で見て ④ ネット書店で見て ⑤ 幸福の科学出版のウェブサイト
⑥ 人に勧められて ⑦ 幸福の科学の小冊子 ⑧ 月刊「ザ・リバティ」
⑨ 月刊「アー・ユー・ハッピー?」 ⑩ ラジオ番組「天使のモーニングコール」
⑪ その他 ( )

2 本書をお読みになったご感想をお書きください。

3 今後読みたいテーマなどがありましたら、お書きください。

ご感想を匿名にて広告等に掲載させていただくことがございます。ご記入いただきました個人情報については、同意なく他の目的で使用することはございません。

ご協力ありがとうございました!

質問者Ｄ　二十年？　三十年？

霊人　うーん……、年数は分からないけど。でも、もとは〝神様〟だから、もっと古いんじゃないかなあ。

質問者Ｄ　江戸《えど》時代とかですか。

霊人　もっと古いかもしれない。

質問者Ｄ　もっと古いんですか。

霊人　うーん、もとはね。だけど、時代に合わせて出方を変えなきゃいけないから。

質問者D　では、ずっとその神社にいて、一年に一回、お祭りのときに出てくる方ということですか。

霊人　だから、そういう何か神秘現象が起きたら、やっぱり氏子たちが色めき立つわけよ。そして、ねえ？　いや、要するに、神社も維持《いじ》しなきゃいけないからね。

質問者D　維持？

霊人　やっぱり、「〝神様〟がいる」とかいうことは大事なことだから、神秘現象が必要なわけですよ。だから、うん……。

質問者D　ただ、このお話の結末としては、（写真を撮った人が）直後から耳が痛くなって、病気になってしまいました。

霊人　まあ、その程度の罰《ばち》はしかたないんじゃないかなあ。

質問者D　やはり、これは罰なんですか。

霊人　ああ、そりゃそうです。

質問者E　クリスマスプレゼントみたいなものではなくて？

霊人　だって、消したでしょ？　写真を消した。私は広めてほしかったんだから。

質問者D　ああ、なるほど！　写真を消したから。

霊人　うん、そりゃあそうですよ。広めて、それを、今は便利な機械……、私よく知らないけど、便利な機械があって、これ、拡散できるんでしょ？　いろいろと。そしたら、それを見たら、もっともっと客が神社にお参りに来て、写真を撮って撮ってするでしょ？

質問者Ｄ　ああ、そういうことなんですね。

霊人　これを狙《ねら》ってやってるのに、「消す」っていうから、それはいかんわねえ。

質問者Ｄ　なるほど。では、普段《ふだん》、神秘性を広めるために、罰を与《あた》えながら広めているわけではなくて、自分の手が写った写真を消したから罰を与えたんですね。

霊人　うん、そうそうそうそう。だから、（右手と左手を交互に挙げながら、歌うように）「一本多くて何が悪い♪　一本多くて何が悪い♪」って、こう、いつもやってるんで。

質問者Ｄ　（笑）はい。なるほど。

霊人　（右手を挙げ、招くようなしぐさをしながら）これは〝助けの手〟なんですね。〝救いの手〟なので。

これがついていると、必ず、その人に怪奇《かいき》現象がいっぱい起きるようにね、なるので。大事にしてほしかった。

神社で写った写真なんだから、「これは、きっと、神様か神様の使いだ」と思って、大事に飾《かざ》って、そして、ねえ、世界に向かって拡散してほしかった。

結局、写真に写り込《こ》んだ霊《れい》は何をしたかったのか

質問者D　では、二〇一四年はそうでしたけれども、例えば、ほかにどんな出方があるんですか。

霊人　まあ、手だけというのは、非常に控《ひか》えめなやり方ですよね。もうちょっと認めてくれたら、二回目、「翌年《よくとし》に来て、もう一回撮りましょう」って言って、同じメンツが集まって撮ったら、今度は顔を写すぐらいは、それはやるし、肩《かた》を抱《だ》くぐらいのことはやってもいいし。

演出は、それはカメラアングルに合わせていろいろやります。

質問者D　なるほど。

（対象者Bに）翌年とかは行きました？

対象者B　あっ、それからは、ちょっと怖かったので……。

霊人　それが間違《まちが》っているんですよ！　だから、そういう……。

対象者B　行っていないです、一度も。

霊人　いやあ、それを宣伝してほしくて、やってくれそうな人だと思って見込《みこ》んで、写したのに。

質問者D　そうなんですか。でも、一般《いっぱん》的には、今回のようなことがあると、「また行ってみよう」とか、「あの人に会いに行こう」とは、ならないような……。

霊人　そうですかねえ。でも、普通、夏のねえ、テレビの怖い話の特集なんかに投《とう》稿《こう》したりしませんか。

質問者D　そうですね。よくありますね、こういう話は。

霊人　投稿するでしょう？　だから、もうちょっと知られたかったのよね。「起こせますよ」って。

質問者D　なるほど。

霊人　うーん。

質問者E　あなたは、ずっと神社にいらっしゃるんですか。

霊人　まあ、神社にお参りに来た人で、何かフィーリングが合った場合は、ちょっと憑《つ》いて帰って、しばらく〝ホームステイ〟することはあります。

質問者D　〝ホームステイ〟して何をするんですか。

霊人　いやあ、だから、今の人間界の生活をちょっとエンジョイしてみて、その間に、いろいろと人間関係の交流があるじゃないですか。そういうときに、ちょっと介入《かいにゅう》して、何かを起こしたりするとか……。

質問者D　なるほど。

霊人　（対象者Bを指して）例えば、こういう人が、男性と会ってデートするとかいうことになって、相手がよくないと思ったら、「お箸《はし》がパタッと下に落ちる」とかね、食事のときに。「コップがパタッと倒《たお》れて水が出る」とかね。何かやっぱり、「壁《かべ》の絵がガタッと外れる」とかね。

こういうことをして、「ちょっと、なんか、これはよくないかな」と思わせたり、いいことだと思ったら、やっぱり、「茶柱は立てる」とか、何か、そんな現象だってありえますよね。

質問者D　なるほど。それは、何のためにされているんですかね。

霊人　だから、〝神社のＰＲ〟です。

質問者D　あっ、ＰＲなんですか！

霊人　うん、基本的にはそうなんです。

質問者D　なるほど。何かお願いをして、それが叶《かな》うかたちになれば……。

霊人　いやあ、「あそこは心霊《しんれい》スポット……」、いや、心霊スポットじゃない、「パワースポットよ」という噂《うわさ》が立って、そういう若い女性とかが集まってくるようになれば、栄えるじゃないですか。女性を集めれば男性も来るから、ねえ？

質問者D　はい。そうですね。

霊人　それから、やっぱり「恋愛成就《れんあいじょうじゅ》」とかね、あるいは、「悪い男から縁《えん》を切る」とかさ、いろいろあるじゃないですか。それから、病気だって起こせるわけだから、「悪いやつに病気を起こさせる」とかさ、まあ、あるじゃないですか。そういう役割をしていて、私は〝神社のＰＲ係〟なんですよ。

質問者Ｄ　神社にそういう人たちが集まってきて、祈《いの》られると、どんな感じになるんですか。

霊人　こちらに向かってプラスの祈りが来ている場合は、それはうれしいというか、うーん……、なんか力が増してくる感じはする。（手元の資料を指しながら）でも、怖がられたり、こういうふうに消されたり、化《ば》け物扱《あつか》いされたら、落ち込むね。

質問者Ｄ　まあ、落ち込みますね。

霊人　落ち込む、落ち込む。

質問者D　落ち込んで罰を与えたくなる？

霊人　いやあ、罰を与える場合もあるけど、自分が落ち込んでしまった場合は、どこかで回復しなきゃいけないので。今あんまりないみたいだけど、憑いていって、若い子なんかに憑いていけば、お酒を飲みながらカラオケで歌を歌ったりするから。

質問者D　あっ、一緒《いっしょ》に？

霊人　そういう雰囲気《ふんいき》って、わりに好きなんですよ。

質問者D　ああ、なるほど。エンジョイできるから？

霊人　一緒に歌を歌ったりする雰囲気、好きなの。一人多くたっていいでしょ？

別に。

質問者D　うーん、なるほど。

写真に出てきた霊《れい》が持つ「格」へのこだわりについて

質問者E　あなたは、尻尾《しっぽ》とかは生《は》えてはいないですか。

霊人　なんか嫌《いや》なこと言いますね。何か気になるんですか。

質問者E　フサフサしたものがありますか。

霊人　（笑）何よ、何よ。なんで、そんなこと言うのよ。どうして、そんなこと言うの。尻尾は写ってないんだから。手が写っただけでしょう？（招き猫《ねこ》の手のしぐさをしながら）だから、手がね、「招き猫」っというわけですよね。「招き猫」。

質問者E　ないんですか。

霊人　うーん……。まあ、神社には、よく、（招き猫の手のしぐさをしながら）こう、いるじゃないですか。こう、招き狛犬《こまいぬ》や狐《きつね》？

質問者D　狐がいますよね。

霊人　うん、いっぱいいるじゃない。ねえ？
ああ、尻尾か。そっか、まずいな。うーん……。そういう……。

質問者E　尻尾は何本ぐらいありますか？

霊人　いやあ（笑）、なん……、何を……、ここは何、変なところね。

質問者D　（笑）

霊人　な、な、何？　うん、何よ？

質問者D　（質問者Eに）知りたいんですよね？

霊人　尻尾がどうしたって言うの？　何が……。

質問者D　「尻尾はありますか」という……。

霊人　それは、うーん……、つくろうと思えばつくれないわけではないでしょうけど、尻尾を写す気はないので。それは……。

質問者Ｄ　尻尾をつくるとしたら、何本ぐらいなんですか。

霊人　尻尾をつくるとしたら、何本ぐらい出てくるか。（両手の人差し指で太鼓《たいこ》を叩《たた》くようなしぐさをしてリズムを取りながら）トトトトトトトトトトトト……、四本ぐらい。

質問者Ｄ　ああ、四本ぐらいあるんですね。

霊人　うん、うん。

質問者D　なるほど。

霊人　つくろうとすればね。

質問者D　先ほど、「正一位稲荷大権現《しょういちいいなりだいごんげん》」という方がいらっしゃっていたんですけれども（本書ケース2参照）。

霊人　いや、それは、「格」はいろいろあるからねえ、うーん。

質問者D　あなた様はどんな格なんですか。

霊人　うーん……、うーん……。私、何も、何ももらってないから、ちょっと分からない（苦笑）。

質問者D　「正一位」とか、そこらへんでは……。

霊人　だから、そういう……、拡散してくれれば、格がついてきて偉《えら》くなれるのに。

質問者D　上がれるんですか。

霊人　神社だって偉くなれるんですよ、知られたら。

質問者D　なるほど。

霊人　大勢……、全国に知られて、大勢の人が参拝《さんぱい》するようになったら、格がグワーッと上がっていくので、そういうときにご褒美《ほうび》が神様から出るんですよね。

質問者D　ちなみに、今回、彼女の友達のグループのところに出たわけなんですけれども、なんで彼女たちのところに出たんですか。何か縁があるんですか。

霊人　うーん……、なんか心霊《しんれい》好きの感じがしたんだよね。

質問者D　写真を撮った人がですか？

霊人　うーん、なんか、やっぱり……。いやあ、だから、〝広めてくれそうな人〟を探してはいるのよ、いつも。

質問者E　先ほど、「ご褒美は神様から与えられる」と言っていましたけれども、ご褒美は何をもらえるんですか。

霊人　うん？　誰？　私？

質問者E　はい。

霊人　（対象者Bを指して）この彼女？　うん？　私？

質問者E　はい。

霊人　（頭を掻《か》きながら）ご褒美は神様が、うーん……、うーん……、うーん……、でも、やっぱり、正一位は、ちょっと、はるかに遠いから、それは難しいけど、ある程度の格はもらえるっていうことです。

正一位まで行くと、ちょっと……。もう、ちょっと……。

質問者D　かなり、高いんですかね？　道のりは。

霊人　ああ、うーん……、正一位ぐらいまで行くと、やっぱり……。東京都知事の小池《こいけ》さんぐらいまで行かないと、正一位はなかなかもらえないので。

質問者D　ああ、なるほど。それは、そうとうということですね。

霊人　うーん。そんな簡単にはもらえない。有名にならないと駄目《だめ》なんですよ。

質問者D　ああ、有名にならないといけない。なるほど。

写真に写ったものの〝上司〟に当たる存在とは

質問者Ｄ　（対象者Ｂに）何か質問はありますか。

対象者Ｂ　先ほど、「フィーリングが合った人には憑いていく」というふうにおっしゃっていたと思うんですけれども、私たちとはフィーリングが合わなかったということで、よろしいんでしょうか。

霊人　いや、合うかなとは思ったんですけどねえ。
　あんたが悪いんじゃないかな。もしかしたら、「これは悪いものだ」みたいに思ったのは、あなたでないのかなあ。あんたが逆に、「これはいいものだ」って言ったら、喜んであれしたかもしれない。その写真を焼き増しして配ったりしたかもしれないのに。

質問者D　あまり、「いいものだ」とは思わないとは思うんですけれどもね。「怖い」ですよね……。

霊人　そこは……、そのあと、いいことが続いたりしたらどうなりますか、例えば。

質問者D　うーん……。

霊人　でしょう？

質問者D　どうでしょうねえ。

霊人　ねえ？　ヘアメイクなんかするんだったら、手は一本多いほうがいいよ。

対象者B　（苦笑）

霊人　ねえ？　〝神の手〟が一本入って、こう……。

質問者F　すみません。

霊人　は？

質問者F　先ほど、「PR係なので」とおっしゃっていたんですけれども、PR係なのか、それとも、あなた様が祀られた神社なのか……。

霊人　うーん……、とまでは言えないけど、〝PR係〟。

質問者F　では、その神社に、あなた様の〝上司〟はいるということですか。

霊人　うん、いる。

質問者F　その方はどんな方なのですか。

霊人　うん、男性がいることはいる。

質問者F　お名前とかはあるのですか。

霊人　うーん……。いや、それ、出し方……、変に出されると、ちょっとマークされて、「日本の最恐《さいきょう》心霊スポット」とか言ってやられると、ちょっとよくないので。

うん、それは……。

質問者D　でも、人が集まってきたらいいんですよね。

霊人　いや、増えるんならいいよ。
だけど、今の流れから見ると、あまりいい流れではないんじゃないですか。

質問者D　そうでもないかもしれませんが。

霊人　あんまりいい流れじゃない。

質問者D　お名前はないのですか。

霊人　うーん……。

質問者D　あるいは、お姿とか。

霊人　名前……、そう……。

質問者D　亀の子石神社という名前でしたよね。

対象者B　はい。

霊人　うーん。

質問者D　亀と何か関係があるのですか。

霊人　はあ（ため息）、いや、それは、心霊写真でそこまで言われなきゃいけないあれはないと思うんですよね。ちょっと言葉を間違うと、〝経営〟が、やっぱり問題が……。

質問者Ｄ　〝経営〟ですか。

霊人　ええ。神社の〝経営〟っていうか、持ち堪《こた》えることが難しくなる。
　今はねえ、信仰心《しんこうしん》のない時代を生きていますから、古いものはどんどん消えていくんですよ。だからね、いや、いい感じで、〝心霊スポットみたいな感じ〟というか〝パワースポットみたいな感じ〟で広がるならいいんですけどね。

質問者Ｄ　上司の方からは、何か指示が出ているのですか。

霊人　いや、祭りのときとかは、それは、「盛り上げ、盛り上げ、盛り上げ」っていうねえ。上司だって〝宴会部長《えんかいぶちょう》〟みたいなところはありますから。うん、楽しい方《かた》ですよ。

質問者D　では、「PRしてね」と。

霊人　うん、そうそうそうそう。

質問者D　あなたみたいな存在は、亀の子石神社にはどれくらいいるのですか。

霊人　うーん、まあ、何人かは。

質問者Ｄ　何人か。どれくらいでしょうか。

霊人　うーん、三、四人います。

質問者Ｄ　三、四人いるのですか。同じような女性の狐さんが。

霊人　だから、みんな集まったあとに、誰かに、こう……。見てて、目星をつけて、よさそうと思うのには憑いて帰る。

質問者Ｄ　憑いていく。

霊人　憑いて帰って、それでちょっと調査して、使える人かどうか。

質問者D　ああ、なるほど。

霊人　とか、下界《げかい》のね、下々《しもじも》の生活様式を、ちょっと見たりはするんですよね。

質問者D　またそれを上司に報告したりするのですか。

霊人　うん、まあ、そういうこともありますねえ。

質問者D　そうなのですか。

霊人　今は、やっぱり、〝存亡〟がかかってるんで、神社とかはどこもね。
だから、いい感じで、心霊スポットみたいに、「そこに行ったら急に、ハサミの動きが神秘的な動きを始めて、神の手のようにパシパシパシパシッと切って、みんな美しくなった」とか、何かそんなんだといいんですけどね。

質問者D　なるほど。

写真に現れた霊《れい》がうれしく思うことについて

質問者D　ちなみに、あなた様は、いつまでその神社にいらっしゃる予定ですか。

霊人　いや、それは分からない。

質問者D　ずっといてもいいなと思って……。

霊人　分からない、分からない。これはもっと上の方が決めることだから。

質問者D　では、自分では選べないのですか。

霊人　うん、分からない。今のところ、お仕えして、お勤めしてるから。

質問者D　うーん。なるほど。
天国と地獄《じごく》は分かりますか。

霊人　神様のところ、神社だから天国でしょ。それはそうなんじゃないの。

質問者D　あなた様の神様は、やはり、その上司に当たる方ですか。

霊人　まあ、それはそうですけども、ほかにもいらっしゃることは……。

質問者Ｄ　神様として思い浮《う》かぶ方のお名前はどんなお名前ですか。

霊人　うーん……、あんまり考えたことないのよ。考えたことが……、考えたことが……。

でも、神社に関係がなく言うとすれば、歌なんかで、こう、歌の神様みたいな、歌姫《うたひめ》様みたいなの？　そういう人とはちょっとつながりがあるような。

あっ、あと、踊《おど》り？　ダンス？　そういう関係の人には、ご利益《りやく》はあげやすい。

質問者Ｄ　では、女性ですかね。

霊人　うん、そうですね。

質問者Ｄ　神様は。

霊人　うん？　うん……。

質問者D　上司は男性だけど、神様は女性なんですかね。

霊人　うーん、いちおう、神社っていうのは、そういう奉納《ほうのう》とか、奉納の舞《まい》とか歌とか、やっぱり必要とするものなんでね。大きくなったら必要、小さいとなくなる関係にあるんで。

私自身はそんな関係を持っているから、憑いていって、カラオケなんかに行ってくれるといちばんうれしい。

質問者D　うれしいんですね。

霊人　うん、うん、うん。

質問者D　分かりました。（ほかの質問者たちに）いいですかね。（対象者Bに）いいですか。

対象者B　はい、大丈夫《だいじょうぶ》です。

質問者F　すみません。ちなみに、その神社が創建されたときからそこにいるのですか。

霊人　はあー（ため息）。うーん……。

質問者F　普通にその心霊《しんれい》写真を見ると、「不成仏《ふじょうぶつ》霊の女の子が写り込んだのかな」

と思うと思うのですけれども。

質問者D　そうですよね。

霊人　ふうー（息を吐《は》く）。

質問者F　あと、カラオケに行って、現代の歌も分かるのですか。

霊人　勉強中なの。それは勉強、勉強中だから。

質問者D　ときどき憑いていって、勉強しているわけですね、いろいろな人のところ……。

霊人　うん。「下々の情勢を探《さぐ》れ」と言われているから。不成仏霊……。

質問者D　「不成仏霊」は分かりますか。

霊人　不成仏霊、不成仏……、いや、分かりますけど、不成仏霊……。

質問者D　分かりますか。では、違いは自分で……。

霊人　〝神域〟だから、そういうのはおかしいんじゃないですかね。お墓《はか》で手が一本多かったら不成仏霊かもしらんけど、神社で手が一本多かったら〝神の手〟ですよ、うーん、うん。

だから、いい方向で宣伝してくださるならいいんですけど、悪いのは嫌です。

質問者D　はい、分かりました。

大川隆法　いいですか。

質問者D　だいたい分かりましたので。

大川隆法　はい。

質問者D　はい、ありがとうございます。

大川隆法　（手を二回叩く）

ケース4　幸福の科学の聖地で体験した、ある霊的《れいてき》現象

夢のなかで流れ星のような赤い光を見たらベッドから浮《う》き上がり……

大川隆法　まだ、もう一つあるのかな（手を二回叩《たた》く）。

質問者D　では、もう一つ、簡単にいきましょうか。

対象者B　はい。聖地エル・カンターレ生誕館のスタッフだったときの、二〇一八年の秋から二〇一九年の春ぐらいにかけて起こった出来事です。

夢のなかで、聖地エル・カンターレ生誕館の特別記念堂を遠くから見ていたら、流れ星のような赤い光がピーンと特別記念堂に降りていって、その瞬間《しゅんかん》、現実の僧《そう》

房《ぼう》で寝《ね》ている自分のほうに意識が戻《もど》り、ベッドから体が浮《う》き上がってしまうような感覚になりました。「まずい、浮いてしまう」というふうに、けっこう焦《あせ》ったりもしたのですけれども、その後も二、三回ほど、ベッドから体を引き剝《は》がされるような経験がありました。

大川隆法　はい、はい。まあ、それはあるかもしれませんね。

その後、対象者の身に起きた〝ある変化〟とは

大川隆法　では、ちょっと調べてみましょうか。

二〇一八年秋からなので、ほんの一、二年前ですね（収録当時）。二〇一九年の春までの間の、生誕館スタッフだったとき。

はい、この者が生誕館スタッフであったときに、ちょっと神秘体験のようなものをしています。特別記念堂に、流れ星のような赤い光が落ちたのを見たあと、ベッ

ドから体が空中に浮かぶような感じがしました。そういうのを二、三回経験したと言っています。真相を（手を二回叩く）、お知らせください（手を二回ずつ、計六回叩く）。

（約十秒間の沈黙《ちんもく》）

うーん、うーん……、うーん、うーん、うーん……。

（約十秒間の沈黙）

うーん、これは、まあ、悪いことではないような感じがしますね。悪いことではないみたいです。

（対象者Bに手をかざす）特別記念堂に赤い星が落ちて……、うーん……。

それは、ああー……、「もうすぐ東京のほうに呼ばれる」ということのお知らせのような感じがしますね。そんな感じがするので。

宙に浮くという場合は、宇宙人なんかが引っ張るものや、エクソシストみたいなものでも宙に浮くのもあるし、まあ、ほかにもあるかもしれませんが。

（掌《てのひら》を上に向けた状態で円を描《えが》きながら）それはどうですか。宙に浮いた経験、感覚はどうでしょうか。

（約十秒間の沈黙）何か、おばちゃん、おばちゃんとかが……。おばちゃん、おばちゃん。おばちゃん、おばちゃん。おばちゃん、おばちゃん、おばちゃんもいるよ。おばちゃんも……。

（手を十字に切る動作を繰《く》り返す）うーん……、シーッ、シューッ。

なぜ。本当に宙に浮いたのでしょうか、どうでしょうか。本当に宙に浮いたのでしょうか。

（手を横にスライドさせる動作を繰り返したあと、円を描く）

（約二十秒間の沈黙）うん……。やはり、大川家のご先祖の方々の、「もうそろそろ生誕館の修行《しゅぎょう》が終わって、東京のほうに行って、総裁先生のお手伝いのほうに行っていい」というような感じが来るので。うーん、まあ……、〝胴上《どうあ》げ〟ですか。

質問者D　あっ、〝胴上げ〟なのですね。「おめでとう」「頑張《がんば》ってください」と。

大川隆法　うん、胴上げですね。「もうすぐ、そういうふうになる」というようなことを言っているような感じがしますから。

質問者D　なるほど。

大川隆法　宙に浮いた感じがしたのは、たぶん本当だろうと思いますね。

現実にそれを見ている人がいないから、ちょっとあれではあるけれども、宙に浮

リーディングで視えてきた、ベッドで寝ている対象者Bが胴上げをされている様子。

くぐらいの感じはあると思いますね。実際にあるのではないでしょうか。
でも、悪いものではないと思うのです。意味的には「胴上げ」だと思います。

質問者D　なるほど。

大川隆法　ですから、「吉祥《きっしょう》」です。赤い星もこれも、両方とも吉祥ですね。

質問者D　吉祥なのですね。

大川隆法　ですから、「もうちょっと運気が強くなってくる」ということを意味しているのだと思います。
うーん……。宗務《しゅうむ》本部とかに来るということは、「巫女《みこ》さんのなかに入る」ということだと思っているから、「いいんじゃない？」という感じがしていて、全体に悪い感じがあまりしませんので、悪いものではないと思いますね。

霊的《れいてき》にかかわってきているものとして、特別記念堂にいる（大川家の）ご親戚《しんせき》の方々か何かが、何か手を貸した可能性はあるとは思いますけれども、意味的には「胴上げ」だと思います。

質問者D　「吉祥」ということで。

大川隆法　「吉祥」ですね。吉祥だと思うので、これはそんな悪いものではないと思います。宇宙人でもないし、悪魔《あくま》による、「エクソシスト」の空中浮揚《ふよう》するような現象でもないと思います。

霊的には、これは「胴上げ」の意味なので、「いい方向に行っている」ということだと思います。

「二、三回、その後もあった」と言っているのかな？

質問者D　はい。そうですね、二、三回。

大川隆法　実際にそうなのではないですか。この体質なら、もう少し長くいたら、ここでも、おそらく何かいろいろとまた起きてくるかもしれません（笑）。

質問者D　（笑）そうですか。

大川隆法　そのときには、また〝題材〟になってください。何か霊的なものが、きっと臨《のぞ》むと思いますから。

質問者D　はい。分かりました。

大川隆法　もう一段の修行が要《い》るかもしれませんけれども。

質問者D　そうですね。

大川隆法　特に、これは悪いものではないので、いいのではないでしょうか。そう思います。

質問者D　はい。では、この件については、そういうことで……。

大川隆法　いいと思います。

質問者D　はい。ありがとうございました。

大川隆法　ありがとうございました（手を一回叩く）。

ケース5 幼少時に祖父母の家で見た緑色の虎《とら》

祖父母の家の花壇《かだん》に腰掛《こしか》けて、ふと振《ふ》り返ると大きな虎が見えて……

質問者D 次で最後の方です。

大川隆法 はい。

質問者D Cさんですね。

大川隆法 これは不思議だよね。

質問者D　はい。実家の徳島で小さいころに経験されたお話ということです。

（対象者Cに）では、説明をお願いします。

対象者C　私が二、三歳《さい》のころに、祖父母の家の花壇《かだん》に腰掛《こしか》けていて、ふと後ろを振《ふ》り返ると、背中を向けた緑色の大きな虎《とら》が、あぐらをかいて座《すわ》っているのが見えて……。

大川隆法　虎があぐらをかいて座る。

対象者C　背中に虎模様があって大きかったので、「虎だ」と思ったのですけれども。

大川隆法　何歳ぐらいのときですか。

対象者C　二、三歳のころに……。

大川隆法　二、三歳！　ちっちゃいなあ。

対象者C　はい。それで、驚《おどろ》いて泣いたんですけれども、姉と祖母が近くにいたので駆《か》けつけてくれて。

母屋《おもや》とお風呂場《ふろば》の間がトタン屋根でつながっていて、その上に虎がいたのですが、私が泣いたあとにはいなくなっていました。姉がそのトタン屋根を下から見ると影《かげ》があったので、二階に上がり、上からトタン屋根を見たのですが、姿はなく、もう一度、下から見ると、やっぱり影があって。それを二、三回繰《く》り返したらしいんですけれども。

従妹《いとこ》も小学校ぐらいのときに、二階の窓から、そのトタンの所で背中を向けてあぐらをかいている、緑色の大きな虎を見たことがあり、「あれは何だったんだろう」というようなことがありました。

大川隆法　お姉さんとか従妹は、幾《いく》つぐらいでした？

対象者C　姉は小学校で、従妹も小学校低学年で、別のタイミングで見てはいるんですけれども、その後、私が高校生ぐらいになったときに、従妹と話しているとき、「あっ、私もそれを見た」という感じになりました。

大川隆法　ほう、ほう、ほう。でも、日本に虎はいないから。狼《おおかみ》はいたことはあるけれども。

質問者D　ええ、そうですね。

対象者Cが視た、祖父母の家のトタン屋根に虎が座っている様子。

大川隆法　虎はいないから、「虎が見える」というようなことが……。

質問者Ｄ　「緑だ」というのも、ちょっと……。

大川隆法　緑もねえ、ちょっと……。

質問者Ｄ　不思議な……。

大川隆法　別の体験としては、天井《てんじょう》に手形が付いていていたりすることが……。

質問者Ｄ　あるんですね。

対象者C　祖父の家には、ほかにも怪奇《かいき》現象のようなことは多々あったんですけれども、「母がまだ祖父母の家で暮らしているときに、天井にたくさん手形があって、幸福の科学の御本尊《ごほんぞん》を置いたころから手形がなくなっていった」という感じではありました。

大川隆法　うーん。

質問者D　あと、もう一個あるんですよね、怖《こわ》かったことが。木のタンス？

対象者C　はい。祖父母の寝室《しんしつ》に木目の付いたタンスがあり、たまにその隣《となり》で寝《ね》ることがあったんですけれども、当時は、木目がもう隙間《すきま》がないぐらいたくさんあるように見えていて、それがムンクの「叫《さけ》び」のように見えたりとか、猿《さる》の顔に見えたりとか、人の顔といいますか、ちょっと怖い感じには見えていました。

それは、従妹にも同じように見えていたらしいんですけれども、大人になってから タンスを見ると、「明らかに木目と木目の間には隙間があって、数も減ったなあ」ということがありました。

大川隆法　数が減った？　へえー。

対象者C　怖い顔とか、そういうふうなものもあまり見えなかったので、「明らかに木目は減っているなあ」という感じはありました。

「緑色の大きな虎《とら》」と対象者の魂《たましい》とのかかわりについて調べる

大川隆法　さて、これは何かの心霊《しんれい》現象であることは感じますね。虎《とら》が出てくるとは珍《めずら》しいなあ（笑）。これは珍しいので。まあ、霊界《れいかい》にはいますから、そちらからつながってくるものがあるかどうかですよね。まあ、家庭のなかに、そういう何か特殊《とくしゅ》な人がいる可能性もあることはあるので。

さあ、この方の幼少時の、虎を見た経験、ほかのお姉さんとか従妹とかも、「それを見たことがある」と言っている経験。家のなかでも、何か、今度は怖いほうの経験が少しあると言っております。これはいったい何だったのでしょうか。知りたいと思います。

（手を強く二回ずつ、計八回叩《たた》く）（手を一回叩く）

（約二十秒間の沈黙《ちんもく》）はあ……、ふうー（息を吐《は》く）。いやあ、まず降りてくる言葉はですね、「虎はあなた自身」という言葉が降りてきます。

質問者D　ほお。

大川隆法　うん、「虎はあなた自身」という言葉が降りてきます。うーん、どういうことでしょうか。

（約十秒間の沈黙）ああ、この人には、家族とか自分が思っているのとは、だいぶ違った人生を送る可能性があるようですね、ええ。

うーん……、まあ、魂《たましい》のなかの、いわゆる「変化身《へんげしん》」のなかに、要するに、「人間が動物で表されるとしたら何か」というものがあるんですけれども、「荒々《あらあら》しい荒魂《あらみたま》で現れると何になるか」というか、荒魂で現れると、この人は虎になるんですよ。だから、この人を追い詰《つ》めると虎になりますから、気をつけてくださいね。

質問者Ｄ　（笑）

大川隆法　まあ、虎が、「酒を飲んで大虎」という意味かどうか。そうではないとは思うのですが、変化身としては虎ですね。虎を持っている。

だから、家族のなかに虎がいるんですよ、一人ね。だけど、田舎《いなか》のほかの人たちには、この人が虎には見えていないからね。家族も「普通《ふつう》の人だ」と思っていると思うけれども、虎が魂のなかにはいますね。

ということは、どういうことなのでしょうか。どういうことですか。

（約五秒間の沈黙）虎も、まあ、密林の王者。平地ではライオンが百獣《ひゃくじゅう》の王だけれども、森のなかでは虎がいちばん強いですよね。

（約十秒間の沈黙）これは悪い意味ではないと思いますね。将来の使命を教えている現象かと思いますので。まあ、「ドッペルゲンガー現象」ではあるけれども、「自分ではなくて、自分の荒魂の動物型化身《けしん》を見た」ということですね。

お姉さんとか従妹とかも、小さいときには、そういう霊的なものを少し感じられるときがあったのではないかと思うんですけれども。

虎が意味するものは、まあ、一つには「出世する」ということですね。

「出世する」ということと、それから、けっこう「金運」もあります。

「出世する」ということと「金運」と、それと、「敵から味方を護《まも》る」という意味での、守護神的な意味合いを持っていることを、これは意味していると思います。

だから、「虎が出てきた」というのは、たぶん、あなたにとっては、「未来は、今思っているよりもはるかに力強い、強い運勢を持っている」ということだと思います。

これは、もう自分自身で自覚するときが来るはずですから、もっとはっきりと、虎である意味は見えてくるときがあると思います。

今までに宗務《しゅうむ》で「過去世《かこぜ》リーディング」をやって、虎は出てきていないですよね？

質問者D　うーん、ないですね。

大川隆法　虎はないね。

質問者D　はい。宗務では、ないです。

大川隆法　虎だったら猿よりは強いかもしれないよね（笑）。

質問者D　（笑）あれ？　虎はいましたか？　○○さんでしょうか。

大川隆法　いた？

質問者E　あっ、いました。

質問者D　○○さんがタイガーですね。

大川隆法　もう一人？

質問者D　○○さんが。

大川隆法　虎だった？

質問者D　虎でしたね。

大川隆法　ああ、白虎《びゃっこ》か何かだった？

質問者E　ホワイト・タイガーです。

大川隆法　ホワイト・タイガーだった。あれは、ずーっと古い時代の、宇宙の過去ですね。

質問者D　そうですね。

大川隆法　では、虎は二人いるのか。

質問者D　あと、□□さんも確か……。

大川隆法　虎……。

質問者D　虎でした（笑）。はい。

大川隆法　いやあ、笑ってはいけない。理事長経験者ですから。はい。偉《えら》い、偉い、十分偉いですから。お金にも縁《えん》は確かにあった。なるほど。三人もいるんですね。

対象者の目の色が意味するものとは

質問者G　すみません。Ｃさんは（宗務本部に）入ってきたときに、「目の色が緑」というので話題になって、一度、総裁先生に「目の色が緑なのはなぜでしょうか」という話をしたことがあるのですけれども、緑の虎と、Ｃさんの目が緑であることには何か関係があるのでしょうか。

大川隆法　目が緑ですか。

質問者E　すごく美しい緑色です。

質問者D　瞳《ひとみ》の周りがちょっと緑色なんですね。

大川隆法　（約五秒間の沈黙）まあ、霊眼《れいがん》ですね。

質問者D　あっ、霊眼なんですか。

大川隆法　霊眼。ええ、ええ。これは霊眼なので、〝ほかの人に見えないもの〟が視《み》えてくるだろうと思いますね。〝ほかの人には見えないもの〟が、たぶん視えてくる。

まあ、虎の目と関係があると思いますよ、おそらくは。

質問者D　そうなんですか。

大川隆法　関係があると思いますね。

まあ、虎といえばあれですけれども、役割的に言うと、神社の狛犬《こまいぬ》のような感じの、前で護っている感じの、まあ、あんな感じに近いと思います。

何か、もう少し、隠《かく》されている能力が出てくることは、これからあると思いますね。

そうですね、こちらは、「わりあい将来が有望であることを、小さいころに自分で悟《さと》った」ということで、「頭に置いておいて、あとで、大きくなってから、それは何なのかと求める」ということですね。

これは、いいと思います。

質問者Ｄ　はい。

ケース6　家の天井《てんじょう》やタンスの模様が変化する怪奇《かいき》現象

対象の家や周辺地域の霊的《れいてき》背景を探《さぐ》る

大川隆法　それから、このあとは「田舎《いなか》の怖《こわ》い話」のようなものですよね。

質問者D　そうですね。

大川隆法　虎《とら》はよろしいですが、天井《てんじょう》に手形、木のタンスにムンクの「叫《さけ》び」のような模様って……（笑）。まあ、これは、（現代の怪談《かいだん》を集めた）「新耳袋《しんみみぶくろ》」のような感じが少しあるのですが……。

子供時代、寝《ね》ていると、天井の木目とかタンスの木目とかがいろいろなものに見えたりするようなことも、私もあることはあるのですけど、これはどうでしょうか。（一定のリズムで手を叩《たた》きながら）天井の手形みたいなもの、それから、タンスの模様等がいろいろと不思議に見えていたのは何でしょうか。（約二十秒間の沈黙《ちんもく》）うーん、まあ、家には〝いろいろなもの〟が確かに出入《でい》りはしている感じはするので……。

質問者D　そうですか。

大川隆法　ええ。「わりに、神秘現象というか、霊的《れいてき》現象が起きる家であったのではないかな」という気がしますね。それで、周りもちょっと信心深くなっているところはあるのではないかと思います。

うーん……、まあ、必ずしも悪霊《あくれい》とは言えないものもあるんですけれども、そうした模様から、異界のいろいろな存在のようなものが何か視《み》えるような感じがしたことは、あるのではないかと思います。

徳島あたりにも妖怪《ようかい》とかが多くて、本当にたくさんいるので。

質問者D　そうですか。

大川隆法　私も個別には調べていないんですけれども、こういう話を聞いた家を訪ねていけば、いろいろと〝棲《す》んでいるもの〟とか〝来ているもの〟はあるのではないかと思うのです。

まあ、妖怪も種類はたくさんあるので、ちょっと分かりにくいのですが、何か妖怪のようなものは家に現れていましたでしょうか。どうでしょうか。

（約三十秒間の沈黙）まあ、妖怪の「百目《ひゃくめ》」というか……。あれは（マンガ等の）「どろろ」か、「悪魔《あくま》くん」かな。百の目がある妖怪？　百目、百の目がある。百目みたいなものとか。

うーん……、ちょっと、「小豆《あずき》洗い」のような……。頭は禿《は》げていて、手足は細くて小さいんですけど、背が低くて、小豆洗いみたいな……。まあ、◇◇のおじちゃんをもう少し小さくしたようなものですよ。そのようなものも視えるし……。

質問者Ｄ　なるほど。

大川隆法　うーん……、ちょっと「一つ目小僧《こぞう》」っぽいものも、視えることは視えるので。

まあ、家がどんな家なのか、よく知らないけれども、少し妖怪等が棲む町か村か、何か、そういうものが存在することを許容するような町……。徳島って、そんなものかなあ。うーん、確かに妖怪はたくさんいるからなあ。

質問者Ｄ　聞いたところによると、おじいさんが、木とか石とか材料を集めて、自

リーディングで視えてきた、対象者Cの祖父母の家に現れた妖怪のような存在。

分で家を建てたそうです。

大川隆法　ああ、そういうタイプですか。

質問者Ｄ　また、近くの川岸で石を拾ってきて、家の周りの壁《かべ》をつくったそうですが、そのなかには、大雨のときに上流から流されてきた墓石《ぼせき》もあったのではないかということです。

大川隆法　どうでしょうか。おじいちゃんは大工《だいく》のような人ですか？

質問者Ｄ　（対象者Ｃに）おじいちゃんは大工さんではないですよね。

対象者Ｃ　大工ではないです。

質問者D　農業などをしながら、自分で、趣味《しゅみ》でつくった感じですか？

大川隆法　木とか石を使う人だったの？

対象者C　大工とかではなく、関係のない仕事をしているのですけれども、手先が器用で、知り合いの大工さんとかにも手伝ってもらいながら家をつくりました。

それで、家の塀《へい》とかの材料を、そういう山奥《やまおく》のほうの川から取ってきたりしていたので、「お墓《はか》の石とかが混ざっているのではないか」という話などがありました。

大川隆法　でも、私の感じでは、そうずっと悪い感じはしないので。いわゆる、地元に棲んでいる妖怪たちとか、山とか木とか石とかの関係で、何か、それがあった所にいたようなものを、ちょっと呼び寄せているのではないかと思いますので。

妖怪といっても、自然霊に近いようなものなので、都会ではちょっと棲めないものたちですね。

質問者D　（対象者Cに）お家も山奥にあるんですか？

大川隆法　あっ、山のほうなの？

対象者C　祖父の家は平地にあります。私の実家は山のほうにありますが。

大川隆法　これが出てきたのは、どちらのほうですか。

対象者C　祖父の家のほうに、怪奇《かいき》現象はよく起こります。

大川隆法　あっ、祖父の家。

まあ、でも、たぶん、集めてきているものと関係が何かあるのだろうとは思います。ただ、ずっと悪い感じはしないので。まあ、物にも「物念《ぶつねん》」が付いている場合もあるんですけれども、何か「精霊《せいれい》」とか、そういうものも関係があるかもしれませんね。

徳島にも妖怪はかなりいるようなのです。あまり十分な探究はできていなくて、申し訳ないと思うんですけれども、「妖怪が出入りできる」ということは、「ある程度の信仰心《しんこうしん》がある家であった」ということではあろうかと思いますね。

これは、その程度で捉《とら》えていて構わないのではないかと思います。

対象者が今後果たすべき使命とは

大川隆法　虎のところね、どんな虎になるのか、ちょっと楽しみですけれども。

質問者D　そうですね。

大川隆法　ええ。「目覚めよ」というところでしょうか（笑）。

質問者D　はい。

大川隆法　「緑の目をした虎、目覚めて仕事をなしたまえ」というところですかね。宗務的には、そんなに困らない。仕事的には困らないと思うし、虎はね、密《ひそ》やかに忍《しの》んでいって、攻撃《こうげき》するときには攻撃しますけれども、普段《ふだん》は身を潜《ひそ》めて静かに動くものですから。まあ、そういうご使命を果たしてくださるなら、ありがたいと思います。

まあ、全般《ぜんぱん》的には、「霊的で宗教的な感じがする」ということでしょうか。

でも、Fさんの実家の関係とか親戚《しんせき》関係にある方にも、こんな妖怪はいっぱい出ているのと思いますよ、おそらくは。

質問者D　そうですか。

大川隆法　まあ、そうですよ。だから、妖怪はいっぱいいるんですよ、徳島にはね。まあ、そんなに悪いほうに気にされなくてもいいと思います。天命を信じて、自分の使命が果たされるように祈《いの》って生活していかれるとよいと思います。

質問者D　はい。ありがとうございました。以上とさせていただきます。

大川隆法　はい。でも、例としては珍《めずら》しかったですね。

質問者D　そうですね。

大川隆法　ええ。何か使えるようなものがあるといいですね。

質問者D　はい。

大川隆法　では、以上とさせていただきます。

質問者D　ありがとうございました。

第2章

映画「夢判断、そして恐怖《きょうふ》体験へ」楽曲歌詞

（編集注）大川隆法総裁は劇場用映画の製作総指揮・原作・企画《きかく》のほか、映画の主題歌・挿入歌《そうにゅうか》等、さまざまな作詞・作曲を手がけています。大川総裁が作詞・作曲した楽曲「El《エル》 Cantare《カンターレ》 大川隆法 オリジナルソングス」は、悟《さと》りの言魂《ことだま》そのものであり、天上界《てんじょうかい》の高次元にある美しい調べが直接的に表現されています。

　第2章に歌詞が収録されている映画「夢判断、そして恐怖《きょうふ》体験へ」の楽曲は、映画の撮影《さつえい》開始に先行して作詞・作曲されたものです。未知の恐怖体験を通じて霊的《れいてき》真実に目覚めるよすがを与《あた》えるなど、登場人物の心情描写《びょうしゃ》や作品の世界観、映画の中心理念等が込《こ》められており、原作の一部として重要な役割を担《にな》っています。

主題歌

夢判断《ゆめはんだん》

作詞・作曲　大川隆法

安《やす》らかに　眠《ねむ》れる日々《ひび》は、
それだけで　幸《しあわ》せだとは　気《き》づかなかった。
母《はは》の愛《あい》に包《つつ》まれて、
綿菓子《わたがし》のように眠《ねむ》った。
父《ちち》は北極星《ほっきょくせい》のように、
いつも存在《そんざい》していると思《おも》っていた。

けれども　夢《ゆめ》の中《なか》だけでは、
私《わたし》は自由《じゆう》だった。
無力《むりょく》で　孤独《こどく》だったけれど、
限《かぎ》りなく　高《たか》く　空《そら》を飛《と》んだり、
森《もり》の中《なか》を駆《か》けたり、
暗《くら》い海《うみ》の中《なか》で　溺《おぼ》れそうになったこともある。

安《やす》らかに眠《ねむ》れる日々《ひび》は、
それだけで　幸《しあわ》せだとは　気《き》づかなかった。
過去《かこ》に　吸《す》い込《こ》まれたり、
未来《みらい》に押《お》しつぶされそうになった。
亡《な》くなった人《ひと》だとも気《き》づかず、
皆《み》んな生《い》きている人《ひと》だと思《おも》っていた。

ああ、恐《こわ》いのは、夢《ゆめ》か、それとも現実《げんじつ》か。
あの世《よ》もこの世《よ》も、いい夢《ゆめ》だけで、
ずっと騙《だま》されていたかった…。
自分《じぶん》が「心《こころ》」だけの存在《そんざい》だと、
気《き》づく、その日《ひ》、その時《とき》までは…。

不思議《ふしぎ》の世界《せかい》

作詞・作曲　大川隆法

タラララ　タラララ
世《よ》の中《なか》がこんなにも不思議《ふしぎ》な世界《せかい》でいっぱいだなんて、
どうして、多《おお》くの人《ひと》に分《わ》からないのかな。
目《め》に見《み》える世界《せかい》より、
目《め》に見《み》えぬ世界《せかい》のほうが、
遥《はる》かに広《ひろ》いなんて、どうしたら分《わ》からせることができるの。
どうして、本当《ほんとう》の世界《せかい》が目《め》には見《み》えないの。

どうして、本当《ほんとう》の世界《せかい》からは、この世《よ》が手《て》に取《と》るように見《み》えるの。
もしも、あの世《よ》が実在《じつざい》の世界《せかい》で、
そこにいる霊《れい》たちが、本当《ほんとう》の人間《にんげん》だと知《し》ったなら、
この世《よ》の人《ひと》たちは、驚愕《きょうがく》するに違《ちが》いないのよ。

あなたと彼《かれ》とのキスを見《み》ている人《ひと》が、
何十人《なんじゅうにん》もいるなんて、信《しん》じられるかな。
君《きみ》と彼女《かのじょ》が夫婦《ふうふ》になってほしいと、
次《つぎ》に、子《こ》どもで生《う》まれて来《く》る魂《たましい》が、
願《ねが》って、雲《くも》の上《うえ》から、祈《いの》り続《つづ》けてるなんて。
どうして、想像《そうぞう》ができるでしょうか。

レインボーブリッジを渡《わた》ってるときにも、

月島《つきしま》を歩《ある》いてるときにも、
東京湾《とうきょうわん》をクルーズしているときにも、
遥《はる》かな世界《せかい》から見下《みお》ろしてる目《め》がある。
温《あたた》かく優《やさ》しい愛《あい》に満《み》ちたその目《め》が。
Ah Ah 神《かみ》の代《か》わりに地上《ちじょう》の人《ひと》たちを、不思議《ふしぎ》の世界《せかい》へ、誘《いざな》い続《つづ》ける。
Uh Uh 本当《ほんとう》のことを信《しん》じ切《き》ることよ。

それが真実《しんじつ》ならば、素直《すなお》に受《う》け入《い》れて、
ただ、まっしぐらにその道《みち》を、駆《か》け抜《ぬ》けるのよ。
Ah Ah 神様《かみさま》、不思議《ふしぎ》の世界《せかい》をくださって、本当《ほんとう》にありがとう。
ありがとう。ありがとう。ありがとう。

挿入歌

恐怖体験《きょうふたいけん》

作詞・作曲　大川隆法

来《く》るな、来《く》るな、来《く》るな。
見《み》てはいけないものを、
見《み》てしまったよ。
ぜったいに、この世《よ》にはあってはいけないもの。
それが幽霊《ゆうれい》さ。

いったい何《なん》の未練《みれん》があったのか。

俺《おれ》に何《なん》の関係《かんけい》があるというんだい。
神《かみ》ならぬこの身《み》では、
救《すく》うすべさえありはしない。

来《く》るな、来《く》るな、来《く》るな。
人間《にんげん》でないものは、
やって来《く》るなよ。
俺《おれ》はまだ死《し》にたくないし、
生《い》きる意味《いみ》さえまだ分《わ》からない。

未知《みち》の恐怖《きょうふ》の体験《たいけん》は、
ただで君《きみ》に譲《ゆず》りたい。
だから俺《おれ》に分《わ》からない体験《たいけん》は、

楽《たの》しさの中《なか》で忘《わす》れたいのさ。
Ha　Ha　Ha

俺《おれ》は歌《うた》を歌《うた》って、
幽霊《ゆうれい》なんて無視《むし》したい。
タラタラ〜　タラタラ〜　南無妙法蓮華経《なむみょうほうれんげきょう》。
ブツブツ〜　ブツブツ〜　南無阿弥陀仏《なむあみだぶつ》。
Ah〜　Ah〜
南無《なむ》　エル・カンターレ〜
救《すく》いたまえ〜
助《たす》けたまえ〜
そして許《ゆる》したまえ〜
こんな俺《おれ》でも救《すく》っておくれ〜

Ah～　Ah～　Ah～　Ah～

挿入歌

はかなくて、つたなくて

作詞・作曲　大川隆法

何《なに》もかもが長《なが》かった。
そして、
何《なに》もかもが短《みじか》かった。
自分《じぶん》の生命《いのち》を燃《も》やし続《つづ》けて、
そのはかなさを守《まも》り続《つづ》けるのは、
とても長《なが》かった。
そして、その激《はげ》しさを見《み》る時間《じかん》は、

とても短《みじか》く、つたなく感《かん》じた。

大部分《だいぶぶん》の時間《じかん》は、
せつない思《おも》い出《で》で、
埋《う》めつくされている。
夏《なつ》が来《く》るたびに、
自分《じぶん》が得《え》たものと、
失《うしな》ったものとが、
通《とお》り過《す》ぎてゆく。
まるで吹《ふ》き抜《ぬ》ける風《かぜ》のように。

一人《ひとり》の人間《にんげん》として、
成《な》し遂《と》げられることは数少《かずすく》ない。

おまえはそれでよかったのか。
これで満足《まんぞく》できたのか。
心《こころ》はうめくように、
深《ふか》い水《みず》の中《なか》に沈《しず》んでゆく。
湖《みずうみ》の底《そこ》に、しばし、うずくまって、
沈黙《ちんもく》の声《こえ》を聞《き》く。

林《はやし》の中《なか》では、
かすかに蝉《せみ》の声《こえ》が響《ひび》いてくる。
はかなくて、
つたなくて、
それでも毎年《まいとし》新《あたら》しい歌《うた》をうたうものが、
ほかにもいた。

挿入歌

心霊写真《しんれいしゃしん》

作詞・作曲　大川隆法

夏祭《なつまつ》りの、
花火《はなび》の日《ひ》は、
神社《じんじゃ》は、とっても面白《おもしろ》いの。
過去《かこ》も未来《みらい》も、
男《おとこ》も女《おんな》も、
ぐるぐる時間《じかん》の渦《うず》の中《なか》。
（あ～、一本多《いっぽんおお》くて何《なに》が悪《わる》い。
一本多《いっぽんおお》くて何《なに》が悪《わる》い。

神《かみ》の姿《すがた》は見《み》えないが、
写真《しゃしん》にこっそり映《うつ》り込《こ》む。
心霊写真《しんれいしゃしん》は怖《こわ》いですか。
あの世《よ》を宣伝《せんでん》しては、いけないですか。
パワースポットはお嫌《きら》いですか。
（
あ〜、一本多《いっぽんおお》くて何《なに》が悪《わる》い。
一本多《いっぽんおお》くて何《なに》が悪《わる》い。

神様《かみさま》は、男女《だんじょ》にご利益《りやく》を与《あた》えたいの。
だから、嫌《きら》わないで。
神《かみ》の使《つか》いだと信《しん》じてね。
たとえ祟《たた》りが起《お》こっても、

不信心《ふしんじん》が原因《げんいん》よ。
（あ〜、一本多《いっぽんおお》くて何《なに》が悪《わる》い。
一本多《いっぽんおお》くて何《なに》が悪《わる》い。

心霊写真《しんれいしゃしん》のその時《とき》は、
魂《たましい》の神秘《しんぴ》の時《とき》。
人生《じんせい》の記念日《きねんび》よ。
霊《れい》の世界《せかい》の刻印《こくいん》は、
決《けっ》して忘《わす》れてはいけないのよ〜。
Oh〜　Oh〜　Oh〜　Oh〜

あとがき

単に霊が視《み》えるのは霊視《れいし》だが、第1章のケース1の謎の血まみれ事件や、ケース2の稲荷神社近くのおばあさん事件などは、「タイム・スリップ・リーディング」といって、過去の時間と場所を特定して霊視する能力である。

ケース3の夏祭りの心霊写真の一本手が多く写った事件では、直接その犯人（？）である霊人《れいじん》を呼《よ》び出して霊言《れいげん》させている。元・巫女《みこ》と思われる霊が「一本多くて何が悪い」と歌い出したので、これを元にして歌も作り、映画にも反映させた。

ケース5では、人間の魂の変化身《へんげしん》の一つとしての荒魂《あらみたま》ともいえる動物の姿を霊視し、ケース6では、妖怪《ようかい》と思われるものを霊視している。

この世もスピリチュアルには不思議に満ちている。少し探究心を持ってみよう。信仰心までもう一歩だ。

二〇二一年　六月一日

幸福《こうふく》の科学《かがく》グループ創始者兼総裁《そうししゃけんそうさい》　大川隆法《おおかわりゅうほう》

『恐怖体験リーディング　呪い・罰・変化身の秘密を探る』関連書籍

『秘密の法』（大川隆法 著　幸福の科学出版刊）
『「呪い返し」の戦い方』（同右）
『ザ・ポゼッション』（同右）
『夢判断』（同右）
『魔法と呪術の可能性とは何か
——魔術師マーリン、ヤイドロン、役小角の霊言——』（同右）
『映画「美しき誘惑—現代の『画皮』—」原作集
——川端康成、蒲松齢の霊言——』（同右）
『恐怖体験リーディング』（同右）
『心霊現象リーディング』（同右）
『神秘現象リーディング』（同右）

『怪奇現象リーディング』（同右）

恐怖《きょうふ》体験《たいけん》リーディング
呪《のろ》い・罰《ばち》・変化身《へんげしん》の秘密《ひみつ》を探《さぐ》る

2021年6月17日　初版第1刷

著　者　　大《おお》川《かわ》隆《りゅう》法《ほう》

発行所　　幸福の科学出版株式会社

〒107-0052 東京都港区赤坂2丁目10番8号
TEL(03)5573-7700
https://www.irhpress.co.jp/

印刷・製本　株式会社 研文社

ISBN978-4-8233-0271-8 C0014
カバー，帯 Mimadeo / Shutterstock.com
装丁・イラスト・写真（上記・パブリックドメインを除く）©幸福の科学

大川隆法霊言シリーズ・心霊現象・超常現象の真相

夢判断

悪夢や恐怖体験の真相を探る

幽霊との遭遇、過去世の記憶、金縛り、そして、予知夢が示すコロナ禍の近未来——。7人の実体験をスピリチュアルな視点から徹底解明した「霊的世界入門」。

1,650円

恐怖体験リーディング

徹底解明「異界」からの訪問者たち

被災地で起きた〝謎の足跡〞現象。小学生が見た〝異界の生物〞。病室に現れた〝巨大な幽霊〞。３つのホラー現象に隠された霊的真相に迫る。

1,540円

心霊現象リーディング

徹底解明
見えざる世界からのコンタクト

謎の手形、金縛り、ポルターガイスト——。時間と空間の壁を超えるリーディングで、その真相を徹底解明。過去と未来をつなぐ神秘のメッセージが明らかに。

1,540円

神秘現象リーディング

科学的検証の限界を超えて

「超能力」「学校の妖怪」「金縛り」「異星人とのコンタクト」……。最高の神秘能力者でもある著者が、超常現象や精神世界の謎を徹底解明！

1,540円

※表示価格は税込10%です。

大川隆法ベストセラーズ・悪しき霊的影響と対処法

「呪い返し」の戦い方

あなたの身を護る予防法と対処法

あなたの人生にも「呪い」は影響している――。リアルな実例を交えつつ、その発生原因から具体的な対策まで解き明かす。運勢を好転させる智慧がここに。

1,650円

真のエクソシスト

身体が重い、抑うつ、悪夢、金縛り、幻聴――。それは悪霊による「憑依」かもしれない。フィクションを超えた最先端のエクソシスト論を、ついに公開。

1,760円

生霊論《いきりょうろん》

運命向上の智慧と秘術

人生に、直接的・間接的に影響を与える生霊――。「さまざまな生霊現象」「影響を受けない対策」「自分がならないための心構え」が分かる必読の一書。

1,760円

ザ・ポゼッション

憑依の真相

英語説法 英日対訳

悪霊が与える影響や、憑依からの脱出法、自分が幽霊になって迷わないために知っておくべきことなど、人生をもっと光に近づけるためのヒントがここに。

1,650円

大川隆法ベストセラーズ・心の修行の指針

悟りを開く

過去・現在・未来を見通す力

自分自身は何者であり、どこから来て、どこへ往くのか──。霊的世界や魂の真実、悟りへの正しい修行法、霊能力の真相等、その真髄を明快に説き明かす。

1,650円

真説・八正道

自己変革のすすめ

「現代的悟りの方法論」の集大成とも言える原著に、仏教的な要点解説を加筆して新装復刻。混迷の時代において、新しい自分に出会い、未来を拓くための書。

1,870円

漏尽通力《ろじんつうりき》

現代的霊能力の極致

高度な霊能力の諸相について語った貴重な書を、秘蔵の講義を新規収録した上で新装復刻！　神秘性と合理性を融合した「人間完成への道」が示される。

1,870円

観自在力《かんじざいりき》

大宇宙の時空間を超えて

釈尊を超える人類史上最高の「悟り」と「霊能力」を解き明かした比類なき書を新装復刻。宗教と科学の壁を超越し、宇宙時代を拓く鍵が、ここにある。

1,870円

幸福の科学グループのご案内

宗教、教育、政治、出版などの活動を通じて、地球的ユートピアの実現を目指しています。

幸福の科学

一九八六年に立宗。信仰の対象は、地球系霊団の最高大霊、主エル・カンターレ。世界百六十カ国以上の国々に信者を持ち、全人類救済という尊い使命のもと、信者は、「愛」と「悟り」と「ユートピア建設」の教えの実践、伝道に励んでいます。

(二〇二一年六月現在)

愛

幸福の科学の「愛」とは、与える愛です。これは、仏教の慈悲《じひ》や布施《ふせ》の精神と同じことです。信者は、仏法真理をお伝えすることを通して、多くの方に幸福な人生を送っていただくための活動に励んでいます。

悟り

「悟り」とは、自らが仏の子であることを知るということです。教学《きょうがく》や精神統一によって心を磨き、智慧《ちえ》を得て悩みを解決すると共に、天使・菩薩《ぼさつ》の境地を目指し、より多くの人を救える力を身につけていきます。

ユートピア建設

私たち人間は、地上に理想世界を建設するという尊い使命を持って生まれてきています。社会の悪を押しとどめ、善を推し進めるために、信者はさまざまな活動に積極的に参加しています。

国内外の世界で貧困や災害、心の病で苦しんでいる人々に対しては、現地メンバーや支援団体と連携して、物心両面にわたり、あらゆる手段で手を差し伸べています。

年間約２万人の自殺者を減らすため、全国各地で街頭キャンペーンを展開しています。

公式サイト **www.withyou-hs.net**

自殺防止相談窓口

受付時間　火～土:10～18時（祝日を含む）

TEL **03-5573-7707** メール **withyou-hs@happy-science.org**

ヘレン・ケラーを理想として活動する、ハンディキャップを持つ方とボランティアの会です。視聴覚障害者、肢体不自由な方々に仏法真理を学んでいただくための、さまざまなサポートをしています。

公式サイト **www.helen-hs.net**

入会のご案内

幸福の科学では、大川隆法総裁が説く仏法真理《ぶっぽうしんり》をもとに、「どうすれば幸福になれるのか、また、他の人を幸福にできるのか」を学び、実践しています。

入会

仏法真理を学んでみたい方へ

大川隆法総裁の教えを信じ、学ぼうとする方なら、どなたでも入会できます。入会された方には、『入会版「正心法語《しょうしんほうご》」』が授与されます。

ネット入会　入会ご希望の方はネットからも入会できます。

happy-science.jp/joinus

三帰《さんき》誓願《せいがん》

信仰をさらに深めたい方へ

仏弟子としてさらに信仰を深めたい方は、仏《ぶっ》・法《ぽう》・僧《そう》の三宝《さんぽう》への帰依を誓う「三帰誓願式」を受けることができます。三帰誓願者には、『仏説・正心法語』『祈願文《きがんもん》①』『祈願文②』『エル・カンターレへの祈り』が授与されます。

幸福の科学 サービスセンター
TEL 03-5793-1727
（受付時間／火～金：10～20時　土・日祝：10～18時（月曜を除く））

幸福の科学 公式サイト
happy-science.jp

ハッピー・サイエンス・ユニバーシティ

Happy Science University

ハッピー・サイエンス・ユニバーシティとは

ハッピー・サイエンス・ユニバーシティ（HSU）は、大川隆法総裁が設立された「現代の松下村塾」であり、「日本発の本格私学」です。建学の精神として「幸福の探究と新文明の創造」を掲げ、チャレンジ精神にあふれ、新時代を切り拓く人材の輩出を目指します。

人間幸福学部　経営成功学部　未来産業学部

HSU長生キャンパス TEL **0475-32-7770**
〒299-4325　千葉県長生郡長生村一松丙 4427-1

未来創造学部

HSU未来創造・東京キャンパス
TEL **03-3699-7707**
〒136-0076　東京都江東区南砂2-6-5　公式サイト **happy-science.university**

学校法人 幸福の科学学園

学校法人 幸福の科学学園は、幸福の科学の教育理念のもとにつくられた教育機関です。人間にとって最も大切な宗教教育の導入を通じて精神性を高めながら、ユートピア建設に貢献する人材輩出を目指しています。

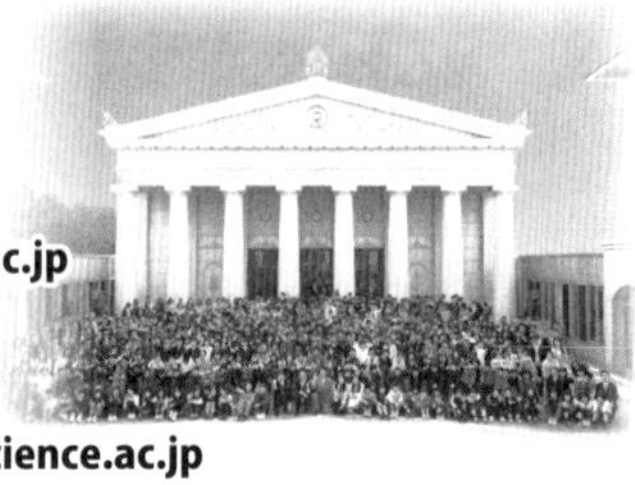

幸福の科学学園

中学校・高等学校（那須本校）
2010年4月開校・栃木県那須郡（男女共学・全寮制）
TEL **0287-75-7777** 公式サイト **happy-science.ac.jp**

関西中学校・高等学校（関西校）
2013年4月開校・滋賀県大津市（男女共学・寮及び通学）
TEL **077-573-7774** 公式サイト **kansai.happy-science.ac.jp**

仏法真理塾「サクセスNo.1」

全国に本校・拠点・支部校を展開する、幸福の科学による信仰教育の機関です。小学生・中学生・高校生を対象に、信仰教育・徳育にウエイトを置きつつ、将来、社会人として活躍するための学力養成にも力を注いでいます。

TEL 03-5750-0751（東京本校）

エンゼルプランV

東京本校を中心に、全国に支部教室を展開。信仰をもとに幼児の心を豊かに育む情操教育を行い、子どもの個性を伸ばして天使に育てます。

TEL 03-5750-0757（東京本校）

エンゼル精舎

乳幼児が対象の、託児型の宗教教育施設。エル・カンターレ信仰をもとに、「皆、光の子だと信じられる子」を育みます。

（※参拝施設ではありません）

不登校児支援スクール「ネバー・マインド」

TEL 03-5750-1741

心の面からのアプローチを重視して、不登校の子供たちを支援しています。

ユー・アー・エンゼル！（あなたは天使！）運動

障害児の不安や悩みに取り組み、ご両親を励まし、勇気づける、障害児支援のボランティア運動を展開しています。

一般社団法人 ユー・アー・エンゼル

TEL 03-6426-7797

NPO活動支援

いじめから子供を守ろう ネットワーク

学校からのいじめ追放を目指し、さまざまな社会提言をしています。また、各地でのシンポジウムや学校への啓発ポスター掲示等に取り組む一般財団法人「いじめから子供を守ろうネットワーク」を支援しています。

公式サイト mamoro.org　ブログ blog.mamoro.org

相談窓口 TEL.03-5544-8989

百歳まで生きる会

「百歳まで生きる会」は、生涯現役人生を掲げ、友達づくり、生きがいづくりをめざしている幸福の科学のシニア信者の集まりです。

シニア・プラン21

生涯反省で人生を再生・新生し、希望に満ちた生涯現役人生を生きる仏法真理道場です。定期的に開催される研修には、年齢を問わず、多くの方が参加しています。

全世界212カ所（国内197カ所、海外15カ所）で開校中。

【東京校】 TEL 03-6384-0778　FAX 03-6384-0779

メール senior-plan@kofuku-no-kagaku.or.jp

幸福実現党

内憂外患《ないゆうがいかん》の国難に立ち向かうべく、2009年5月に幸福実現党を立党しました。創立者である大川隆法党総裁の精神的指導のもと、宗教だけでは解決できない問題に取り組み、幸福を具体化するための力になっています。

党の機関紙
「幸福実現党NEWS」

幸福実現党 釈量子サイト **shaku-ryoko.net**
Twitter **釈量子@shakuryoko**で検索

幸福実現党　党員募集中

あなたも幸福を実現する政治に参画しませんか。

○幸福実現党の理念と綱領、政策に賛同する18歳以上の方なら、どなたでも参加いただけます。

○党費：正党員（年額5千円［学生 年額2千円］）、特別党員（年額10万円以上）、家族党員（年額2千円）

○党員資格は党費を入金された日から1年間です。

○正党員、特別党員の皆様には機関紙「幸福実現党NEWS（党員版）」（不定期発行）が送付されます。

＊申込書は、下記、幸福実現党公式サイトでダウンロードできます。
住所：〒107-0052　東京都港区赤坂2-10-8 6階 幸福実現党本部
TEL **03-6441-0754**　FAX **03-6441-0764**
公式サイト **hr-party.jp**

幸福の科学出版

大川隆法総裁の仏法真理の書を中心に、ビジネス、自己啓発、小説など、さまざまなジャンルの書籍・雑誌を出版しています。他にも、映画事業、文学・学術発展のための振興事業、テレビ・ラジオ番組の提供など、幸福の科学文化を広げる事業を行っています。

アー・ユー・ハッピー？
are-you-happy.com

ザ・リバティ
the-liberty.com

幸福の科学出版
TEL **03-5573-7700**
公式サイト **irhpress.co.jp**

THE FACT

ザ・ファクト
マスコミが報道しない「事実」を世界に伝えるネット・オピニオン番組

ザ・ファクト 検索

NEW STAR PRODUCTION

ニュースター・プロダクション

「新時代の美」を創造する芸能プロダクションです。多くの方々に良き感化を与えられるような魅力あふれるタレントを世に送り出すべく、日々、活動しています。 公式サイト **newstarpro.co.jp**

ARI Production

ARI《アリ》 Production《プロダクション》

タレント一人ひとりの個性や魅力を引き出し、「新時代を創造するエンターテインメント」をコンセプトに、世の中に精神的価値のある作品を提供していく芸能プロダクションです。 公式サイト **aripro.co.jp**

大川隆法　講演会のご案内

大川隆法総裁の講演会が全国各地で開催されています。講演のなかでは、毎回、「世界教師」としての立場から、幸福な人生を生きるための心の教えをはじめ、世界各地で起きている宗教対立、紛争、国際政治や経済といった時事問題に対する指針など、日本と世界がさらなる繁栄の未来を実現するための道筋が示されています。

20 年 12 月8日 さいたまスーパーアリーナ
Vith Savior”(ウィズ・セイビア)—救世主と共に—」

2019年10月6日 ザ ウェスティン ハーバーキャッスル トロント(カナダ)
「The Reason We Are Here」

2019年12月17日 さいたまスーパーアリーナ
「新しき繁栄の時代へ」

2019年3月3日 グランド ハイアット 台北(台湾)
「愛は憎しみを超えて」

2019年7月5日 福岡国際センター
「人生に自信を持て」

講演会には、どなたでもご参加いただけます。
最新の講演会の開催情報はこちらへ。 ⟹ 大川隆法総裁公式サイト
https://ryuho-okawa.org